○ 全民阅读·经典小丛书 ○

沉思录

[古罗马] 奥勒留——著
冯慧娟——编

吉林出版集团股份有限公司

版权所有　侵权必究

图书在版编目（CIP）数据

沉思录 /（古罗马）奥勒留著; 冯慧娟编. —长春：
吉林出版集团股份有限公司，2015.6（2025.5重印）
（全民阅读.经典小丛书）
ISBN 978-7-5534-7556-1

Ⅰ.①沉… Ⅱ.①奥… ②冯… Ⅲ.①斯多葛派–哲学理论 Ⅳ.①B502.43

中国版本图书馆 CIP 数据核字 (2015) 第 119913 号

CHENSI LU

沉思录　　　　［古罗马］奥勒留　著　冯慧娟　编

出版策划：	崔文辉
选题策划：	冯子龙
责任编辑：	孙骏骅
排　　版：	新华智品
出　　版：	吉林出版集团股份有限公司
	（长春市福祉大路 5788 号，邮政编码：130118）
发　　行：	吉林出版集团译文图书经营有限公司
	（http://shop34896900.taobao.com）
电　　话：	总编办 0431-81629909　　营销部 0431-81629880 / 81629881
印　　刷：	北京一鑫印务有限责任公司
开　　本：	640mm×940mm 1/16
印　　张：	10
字　　数：	130 千字
版　　次：	2015 年 7 月第 1 版
印　　次：	2025 年 5 月第 4 次印刷
书　　号：	ISBN 978-7-5534-7556-1
定　　价：	45.00 元

印装错误请与承印厂联系　　电话：010-61424266

前言
FOREWORD

　　《沉思录》是西方思想史上最伟大的著作之一，是一位肩负重任，在困境中殚精竭虑、苦心经营的罗马皇帝在漫漫长夜中的内心独白。它教导人们要以坦荡的姿态面对人生，负起做人的社会责任，完善自我，帮助他人。它在问世后的近两千年时间里，温暖和鼓舞了无数人。

　　《沉思录》的作者马可·奥勒留（120~180年）是罗马帝国五贤帝时代的最后一位皇帝，同时也是新斯多亚学派最后一位有影响力的哲人，因此被称为"帝王哲学家"。《沉思录》共12卷，是这位皇帝自己和自己的对话集，大部分是他在行军打仗时利用闲暇时间撰写的。

　　在书中，他论述了如何进行人的自我完善，提高个人的品行以及如何求得内心的平静等问题。他提出人要正直地思考，摒弃一切无用的、琐屑的想法，多考虑一些善良的、光明的事情，并将其付诸行动。他认为人的心灵应该成为抵制物欲、情欲、愤怒和仇恨的城

前言 FOREWORD

堡，人必须专心工作，努力克服生活中的困难。他希望人们热爱劳动、了解生命的本质和生活的艺术，同时要重视公共利益并为实现它而努力。

今天的我们正处在一个剧烈变革的时代。如何在时代的洪流中认清自己的位置、明确自己的方向，如何在喧哗、浮躁和荣辱、沉浮中求得内心的平静，是值得每一个人深思的问题。编者相信这本《沉思录》（杨晓译）将会给身处变革中的人们一些有益的启示。

目录

CONTENTS

卷一······················○一○
品质闪耀在优良的传承中···············○一○
我从养父身上学到的··················○一四

卷二······················○二○
把每件事当成自己能做的最后一件事········○二○
唯一可能被夺去的只有现在·············○二四

卷三······················○二八
灵魂不能受制于肉体··················○二八
简朴而快乐地生活····················○三三

卷四······················○三八
不要毫无目的地做出任何行为···········○三八
让你的智慧只用于正直的行动···········○四六

卷五······················○五四
遵循你自己的和共同的本性············○五四
追求不可能的事情简直就是发疯··········○六二

目录 CONTENTS

卷六……………………………………………………○六六
　灵魂处于一种状态和活动之中……………………○六六
　灵魂先于身体屈服是令人羞愧的事情……………○六九
　任何人都无法阻止你依照本性生活…………………○七〇

卷七……………………………………………………○七五
　你要自己站直，不要被人扶直………………………○七五
　用最好的方式度过此生………………………………○七九
　痛苦对于心灵是无害的………………………………○八四

卷八……………………………………………………○八九
　专注于当前的事物……………………………………○八九
　谦逊地接纳，坚决地舍弃……………………………○九四
　把握现在………………………………………………○九七

卷九……………………………………………………一〇四
　与同道者共居…………………………………………一〇四
　不要梦想乌托邦………………………………………一〇八
　责备他人之时，先审视自己的言行得失……………一一三

目录

CONTENTS

卷十··一一九
将自我品格放弃的角斗士················一一九
惧怕本性的逃亡者·······························一二四

卷十一··一三五
灵魂是一个美好绝妙的圆体···············一三五
让内心永远过最高贵的生活···············一三九

卷十二··一四八
在绝望中也要锻炼自己························一四八
人生只是一种意见罢了························一五二

沉思录

卷一

品质闪耀在优良的传承中

1. 我从祖父维勒斯那里，学会了如何弘扬美德、压制怒气。

2. 我从父亲的名声和对他的追忆中，知道了什么是谦虚谨慎、果敢勇猛。

3. 我从母亲身上学到了虔诚和仁爱，以及摒弃恶行、恶念，过质朴的生活，并且远离奢靡。

4. 从我的曾祖父那里，我知道了不应去公立学校学习，而应该聘请优秀的家庭教师到家里上课，这使我懂得了求学不应该吝惜钱财。

5. 我从老师身上，懂得了不应站在马戏比赛中蓝绿两派的任何派别一边，更不应卷进角斗戏中圆盾派与轻装派的斗争中；我还从他身上学到了应该忍受辛苦劳碌，抛却贪欲奢求，凡事亲力亲为，不干涉别人的事情，也不轻信流言蜚语、诽谤诋毁。

6. 我从戴奥吉纳图斯那里，懂得了如何不被琐事牵绊，懂得了不应相信巫师、术士的谬语谰言，不应相信他们能够诛杀鬼怪精灵等东西；懂得了如何不对战斗产生畏惧，也不热衷于战斗；懂得了对于别人的直言不能发怒；懂得了亲近哲学。我起初是巴克斯的倾听者，之后又成为坦德西斯和马尔塞勒斯的倾听者。年轻时，我曾经学过如何写对话，曾经对睡硬板床和穿粗毛皮充满向往之情，我还有幸学到了其他所有关于希腊的学问。

7. 我从拉斯蒂克斯那里，发现我的品格还需要提高、训练；懂得了不应执迷于诡辩，不应写投机的文章，不应发表烦琐的激励演说，不应彰显自己受过严格训练，也不应为了炫耀而行善；懂得了在写作中怎样避免使用华丽的辞藻及精巧的构思；懂得了不应身穿外出的衣服在卧室里走来走去，或做其他类似的事情；学会了用质朴的语言写信，就像拉斯蒂克斯在锡纽埃瑟给我母亲写的信那样；当有人以言语冒犯我，或做了对不起我的事后，只要他们想要与我和解，我就乐意与他们尽释前嫌。在拉斯蒂克斯那里，我还懂得了读书时应该细致，而不应满足于表面的一知半解，也不应轻率地认同那些夸夸其谈的人。我对他让我熟知了埃比克太德的言论而表示感谢，那是他专门传授给我的。

8. 我从阿珀洛尼厄斯身上，知道了人应该有自由的意志，应该坚守目标；知道了无论何时，都应跟随理性，而不应信赖其他任何东西；知道了在痛失爱子和久卧病榻的巨大痛苦中，应该像往常一样保持镇定；从他身上，我还清晰地见到了一个鲜活的榜样，他坚定而灵活，教导别人时一点也不暴躁；他能时刻保持清醒，不会因为自己在解释各种哲学原则方面拥有丰富的经验和高超的技巧而自居自傲；从他身上，我还懂得了怎样从值得尊敬的朋友那里获得好感，又一点也不显得卑微，或者怎样做到对他们置之不理。

9. 我从塞克斯都身上，感受到了仁爱的所在，看到了一个用慈爱方式管理家庭的榜样，以及一种顺应自然的生活理念；感受到了未经雕饰的庄严，甘愿为朋友谋利的心，还有对无知以及不经过思虑就随意表达意见的人们的宽容。

他拥有一种能力，可以让自己和所有人和谐相处，因此让人觉得和他交往甚至比受到奉承还让人感到快慰。他也因此获得了那些与他往来的人的尊敬。

他能够用一种明智而系统的方式去发现和整理必要的生活原则。这种能力使他永远不会表现出愤怒或者其他激动的情绪。这样既可以避免所有的激情，又可以做到温和、宽容。他表达他的赞许之情时不会给人啰唆之感。他拥有广博的知识，却不会自夸自诩。

10. 我从亚历山大那里，学到了如何戒除挑剔，不去苛求或责难那些表达时言语粗俗、欠缺文理和生搬硬造的人们；学到了应该如何灵活地运用回答、求证的方式去探讨事物本身的方式；还学到了以合适的方法去启迪和引导人们使用确切的表达。

11. 我从弗朗特那里，学到了如何观察一个暴君身上所存在的嫉妒、伪善和阳奉阴违，并了解到在我们中间那些被称作上流人的人们，大多缺少仁爱和慈悲。

12. 我从柏拉图派学者亚历山大那里，领悟到没必要经常但也不是完全不需要对人说话或写信；领悟到我们不能总以紧急事情为借口，将对与自己一起生活的那些人的义务全部推掉。

13. 我从斯多亚派的苦修者克特勒斯身上，知道了当一个朋友向你抱怨时，你应该努力让他恢复平静，就算他的抱怨是无理的，你也不应漠不关心；知道了应该像人们提及的多米蒂厄斯和雅特洛多图斯那样，不论何时都要准备着用好言去劝说他人。从他身上，我还知道了应该真诚地疼爱我的孩子。

14. 我从我的兄弟西维勒斯身上，懂得了疼爱亲人，维护真理与正义；从他那里，我有幸知道了思雷西亚、黑尔维蒂厄斯、加图、戴昂、布鲁特斯；从他那里，我接受了一个政体的思想，这种思想要求用同样的法律对待所有人，实施权利平等、言论自由等，我还接受了一种王者之治的观念，这种观念要求最大限度地尊重被统治者的所有自由；我还从他身上感受到他对于哲学始终如一的求索和毫不动摇的尊重。他乐于行善，为人和顺，总是对人抱有美好的期望，坚信朋友是关爱自己的；我还发现，他从来不会刻意隐瞒对他所谴责的那些人的意见；作为他的朋友，用不着猜度他的想法，因为他的想法都是非常透明的。

15. 我从马克西默斯身上，学会了如何克制自己，使自己不被任何事物支配；如何在任何环境以及病痛中保持像往常一样的愉悦心情；如何在道德品行上形成一种甜美和尊严的妥当配合。我还学会了要努力做好眼前事，不应有半句怨言。

我发现：所有的人都相信他的思想和言语是一致的，他的任何行为都没有恶意；他从来没有表现过惊奇和恐惧，从来不会行色匆匆,从来不会拖延耽误,从来不会困扰、迷惑或悲观、失意。他不会用笑声掩饰焦虑,也不会狂热躁动或疑心重重。

他早已将施行仁爱当作习惯,不论何时都准备宽恕别人,避开所有的错误。他留给人们的印象,与其说是一贯公正的人,不如说是不断完善的人。我还发现:所有的人都不可能认为自己受到了他的轻蔑、鄙视,也不敢自认为是比他更好的人。他还很幽默,具有让人快乐的幽默技巧。

我从养父身上学到的

16. 从我养父身上,我感受到他那温柔的气质,以及在他深思熟虑后对决定的事情坚定不移的决心。在普通人看来光荣的事情上,我的父亲却丝毫不会骄傲自负。他喜爱劳作,做事能够长久坚持下去,喜欢倾听人们提出的关于公共福利的建议;在按功劳大小进行奖赏时立场坚定,还具备一种从经验中获得的知识,能够由此辨别大有收获和徒劳无功的行动。我发现他克制了对孩子的全部激情。

他将自己当作一个普通公民,与其他公民同样平等。他的朋友不必非要与他一同喝茶,也不必在他去国外时必须觐见他,他解除了这些义务,就算因紧急事情未能陪伴他的那些人,他仍会像往常一样对待他们。我还看到了他锲而不舍地细致探讨所有需要考虑的事情的优点,这使他绝对不会因为满足于初步印象而停止深入的探究。他能很好地保持友谊,对朋友不会很快厌烦,但也不会放任个人的柔情;他对所有环境都感到满意和愉快;他不会夸显自己的远见卓识。

他会直截了当地阻止人们赞颂他、奉承他；时刻保持对帝国管理事务的高度警醒，量入为出、克勤克俭，同时隐忍因此带来的责备、非难；他既不对神灵过于迷信，又不会为了向人们献殷勤而进行奖赏、娱乐或谄媚民众；无论发生什么事他都能保持那份冷静和坚定，从不会有任何卑贱的想法或行为，也不会追求新奇。

他从来不会夸耀上天赐予他的丰厚而且有益于生命的东西，但也不会拒绝拥有，因而当他拥有这些东西的时候，他能自然地享受它们；当他没有这些东西的时候，他也不会去奢求。人们都认为他是个成熟而完美的人，不会被阿谀逢迎所左右，可以妥善处理个人和别人的事务。从来没有人认为他是个诡辩家、善辩的奴仆或夸示学问的人。

此外，他既敬重那些真正的哲学家，也从不斥责那些自称为哲学家的人们，不过他并不会轻易受那些伪哲学家的影响。在社会交际上，他平易近人，从不装模作样，与他交往让人觉得轻松而惬意。他合理而适度地关心自己的身体健康，不过分贪恋生命，也不会漠视自己的形象。但由于平日的重视，所以他还是很少生病、吃药或吃补品。

我父亲特别愿意给任何具有特殊才能的人指引道路，而且丝毫不会嫉妒他们，比如他会帮助那些有辩才或掌握法律、道德等知识的人，让他们能施展才华并拥有美誉。当然了，他的这些帮助都是依循国家的制度来进行的。

他不喜欢犹豫不决和变来变去，而喜欢住在同一个地方，全神贯注地做同一件事情。当他的头痛病发作过后，他便能立刻充满活力地去做日常的那些工作。他没多少秘密，仅有的一些秘密也全是关于公事的。在建造供公众参观之物和公共建筑的过程中，在对人民的捐赠中，他总是那么谨慎、节俭，因为他考虑的是做这些事是否必要，而非企图以此来赢得好名声。

他从不在不妥的时候沐浴，不喜好大兴土木，也不关心自己的饮食、衣服的质地和色彩，不注意他的奴隶美艳与否。他的衣服通常制作于他在海滨的别墅罗内姆或拉努维阿姆。大家都清楚他是如何对待恳请他饶恕的塔斯丘佗的收税人的。以上便是他的全部表现。

在他身上，你看不到任何严厉刻薄、顽固不化和蛮横粗暴的影子，也看不到任何可称之为甜言蜜语的东西；他能将全部事情逐件考察完毕，好像他的时间很充裕一样，而且丝毫不会混乱，总是井井有条、活力十足、始终如一。对苏格拉底的记录也能用在他身上，他可以放弃或享用一些东西，而那些东西则是很多过于软弱的人不想放弃，也无法有节制地享用的。他既能随心地受用，又能保持冷静的头脑，这种品质恰是一个拥有一颗完美而无法匹敌的灵魂的人的标志，正如他在对待马克西默斯的疾病中所表现的那样。

17. 我感谢神明，让我拥有优秀的祖辈、父母、姐妹、教师、同伴、亲朋和几乎好的一切。我也为从未卷入对他们任何一个人的冒犯而感谢神明。尽管我具有的脾气，很可能会对某人做出这种冒犯，可是，因为他们的善意，我尚未有机会经受此等考验。

同时，我仍要感谢神明：在很早的时候我就不归我祖父的妾抚养了，这使我的青春之美得到了保护，从而在合适的时刻甚至略微后延的时刻才证明了我的男子气概。

我受到父亲的督促，他可以从我身上夺走全部虚浮、骄矜，并传递给我这样的信息，即知道一个人是能够住在一个没有卫兵、没有锦衣美食、没有火把和雕塑等东西的宫殿中的，一个人也有能力过那种满足他个人私欲的生活，而且不会因此觉得思想卑贱、行为懈怠，因为他将以有利于一个统治者的方式把为民众谋利的事情看得很重要。

我感谢神明让我拥有这样一个兄弟，他的道德品行让我时刻保持警醒，他的尊重和柔情又让我满心愉快；我感谢神明让我不笨也不聪明，让我没能精通修辞、诗歌和其他学问，如果在这些方面我发现自己取得了进步，那么我当初很可能会完全沉醉到里面去；我感谢神明让我很快获得了一些必要的荣誉，使我没有辜负那些曾经培养我的人，没有拖延他们曾寄予我的希望和我日后如何做的期望（因为那时他们还很年轻）；我感谢神明让我认识了阿珀洛尼厄斯、拉斯蒂克斯、马克西默斯。

我清晰地认识了那种依照天性生活，即只依靠神灵及他们的恩赐、帮助和灵感而过的生活，然而，虽然并未有任何东西阻挠我马上依照天性去生活，但由于我自己的过错——我并未在意神灵的规劝（我几乎能说是他们的直接指示），因而至今仍没有达到这个目标。

  我的身体这样长时间地置于这种生活之外，使得我从来没有达到本尼迪克特或西奥多图斯的高度，也使得我在陷入情欲后被治好了；我虽然时常缺乏拉斯蒂克斯的幽默感，却也并未做过令我后悔之事。我母亲虽然未能享尽天年，可最后的时光她是与我共度的。

当我想帮助那些需要帮助的人时，我都觉得我拥有这样的能力，但我个人则没有这样的需要：即需要从他人那里得到东西。我拥有一位谦和、深情和淳朴的爱妻，我的孩子有很多优秀的教师。

通过梦的指引及别的途径，我发现了咯血和头昏的各种治疗法；在我喜好哲学的时候，我未受到任何诡辩家的左右，未在历史作品上或三段论法的解决上耗费时间和精力，也并未全心致力于探寻天国的现象；而上述所有事情都需要神灵和命运的帮助与护佑。

写于阿奎肯（Aquincum），当时正同夸地族人打仗。

卷二

把每件事当成自己能做的最后一件事

1. 在一天开始的时候就告诉自己：我会碰见爱管闲事的人、背信弃义的人、傲慢无礼的人、欺瞒奸诈的人、嫉妒的人和孤僻的人。他们之所以具有这些品性，是因为他们不懂何为善恶。可是，作为一个懂得善恶的本质，懂得善美恶丑，懂得那些做了错事的人们的本性是与我相似，我们拥有同样的血液和皮肤，拥有同样的理智和神性的人，我绝对不会被他们中的任何一个人伤害，因为任何人都无法将恶强加在我身上，我也不会迁怒或憎恨他们。因为，我们生来就需要彼此协作，好比手足、上下齿以及眼睑于眼睛。所以，如果人们相互反对便是违反人类的本性，就是自找麻烦、自我排斥。

2. 一个人只是由肉体、呼吸和支配这些部分的结构构成的。把你的书丢开吧，不要再为它分心，因为不容许分心。就好像你正处在死亡的边缘，已不再重视这躯体了，那么它不过是由血液、骨骼、网状组织、神经、静脉和动脉构成的罢了。再看呼吸又是一种什么东西呢？是空气，但并非都是同样的成分，而是每一刻都在排出和再吸入的空气。接下来就是支配部分了，你可以这样考虑：你不必再让一个老人成为奴隶，也无须像线拉木偶般进行一些反社会的活动，更无须对你如今的命运心生不满，抑或躲避未来。

3. 从神那里来的所有东西都包含着神的旨意。来自命运的东西没有与本性脱离，或者说并非与神命令的事物没有任何关联。此后，所有的事物全部在此中循环，此外还有一种为了整个宇宙利益的自然规律存在，你也是其中的一部分。然而由整体的本性所带来的，为保持这种本性服务的东西是对组成本性的每一部分都是有益的。现在，宇宙的存在是通过各种元素以及由这些元素组成的事物的变化来实现的。就让这些原则赋予你足够的力量，让它们始终修正你的意见吧。抛开对书本的渴求，你便不会在喋喋不休的抱怨中辞世，而是高兴地、忠诚地对神心生感激地离开。

4. 你要记住，这些事情已经被你拖延了很久了，虽然你从神灵那里得到了许多的机会，然而你却没有把握住它。此刻，你终于懂得了你只是宇宙当中的一部分，懂得了你的存在只不过是其中一段逝去的宇宙的道理；你的时间很有限，倘若你不及时驱散你心里的阴云，那么你的心必将很快枯萎，你也将随之死亡而且永远无法再重生。

5. 要像一个拥有完整而质朴的尊严，并以友爱、自由和正义之心处理眼前事务的罗马人那样，时刻都坚定地思考。倘若在做生活中的每一件事时，你都能将它视为生命中最后一件事，摒弃对理性命令的淡漠态度和强烈的憎恶之情，摒弃所有虚伪、自爱以及它给你的那一份不满情绪，那么你就会获得解脱。你会发现当一个人拥有很少的东西时也可以宁静地生活，就像神的生存方式一样。因为神灵从不会向关注这些事情的人索要更多的东西。

6. 你遇到的外部事物会使你分心吗？你应该拿出时间去学习新的以及好的东西，不要再在原地兜圈子了。可是同时，你一定还要避免被带到另一条道路上去。生活中不务正业的人总是被自己的活动弄得精疲力竭，因为他们的所有思想都是没有目的的，他们的每一个行为也没有目标做指引。

7. 如果一个人不去琢磨别人心里的想法，那么他通常就会过得比较幸福，但如果他不在意自己内心的想法，那一定不会幸福的。

8. 究竟整体的本性是什么，我的本性是什么，两者有何关联，我的本性又从属于一个什么性质的整体？不会有人阻止你说或者做那些符合本性（你是整体中的一部分）的事情。这些你必须时刻牢记在心。

9. 西奥菲拉斯图斯根据人类的共有观念对各种恶的行为进行比较，并像一个真正的哲学家那样说道：由欲望所导致的犯罪应该受到比由于愤怒所导致的犯罪更强烈的谴责。这是因为，由愤怒导致犯罪的人看上去是因某种痛苦和不自觉的患病而丧失了理智，而由于欲望导致犯罪的人却是被快乐所击垮，其犯罪可看作是进一步的放纵和怯懦。然后，西奥菲拉斯图斯又补充道：由快乐引发的罪行比由痛苦引发的罪行更应该受到谴责；因为，前者是被欲望牵引，受冲动的驱使而做出恶事，但后者却像一个人首先被人错待，然后才因痛苦而被迫发怒并做出恶事。

10. 你可能会随时离开人世，所以，请对你的所有行为和思想进行调整。倘若人在死后真的有神灵庇佑，那么死亡也并不可怕，神灵将使你远离恶。倘若根本没有所谓的神灵，抑或神灵并不关注人类的事情，那么在一个没有神或神谕的世界上活着，对你而言又意味着什么呢？但实际情况是，神灵是存在的，而且他们也关注人类的事情，神灵赐予人全部方法，以使人远离真正的罪恶。当然，神灵也不会使人陷入其他的恶中的。在个人的力量范畴之内，一个人完全可以做到不陷入恶中。

那些不会导致一个人变坏的事物，怎么会使一个人的生活变坏呢？宇宙的本性忽视这些事情是有可能的。但那不是因为无知或幼稚，不是因为没有防止或纠正这些事情的力量，也不是因为它缺乏力量或技艺才导致了一个这么大的错误，即让好事和坏事未加区别地降临到善人和恶人身上。然而，生与死、荣与辱、苦与乐所有这些事情都同样会在善人和恶人身上发生，但我们并不会因此变好或变坏。因此，它们没有善恶之分。

唯一可能被夺去的只有现在

11. 世上的事物都消失得如此之快！在浩渺的宇宙中，消失的是物体本身；在无涯的时间里，消失的是对物体的记忆。这是所有能够被感觉的事物的性质，尤其是那些伴随着快乐的诱惑或令人惊骇恐惧的痛苦的事物，或者是那些扬名国外的虚名的性质。它们是何等的没有价值，多么可鄙，多么肮脏、易腐和麻木啊！这些全部是理智能力要关注的。理智能力需要关注那些凭意见和言论赢得名声的人；关注何谓死亡：当一个人观察死亡本身，并通过反省的抽象力将所有关于死亡的想象分解成各个部分，那么他就会把死亡看作是一种自然的运转过程；倘若有人害怕这个自然的运转过程，那他就只是个尚未成熟的孩童。总之，死亡既是一种自然的运转过程，也是一种有利于自然目的的现象。理智能力还需关注人是如何接近神灵的，通过人的哪个部分接近以及这个部分是在何时这么做的。

12. 在这个世界上，没有比这更悲惨的事情了：一个人旋转着穿过一切，探听地下的事情，猜度邻居心中的想法，却不懂得其实只需专注并诚挚地敬奉他内心的神就可以了。敬奉心中之神，可以让心灵摆脱激情和没有价值的思想，使心灵保持纯洁，不要对来自神灵和人的东西表示不满。那些来自神灵的东西，它们的优越性应该得到我们的尊敬；那些来自人的东西，则因他们是我们的亲族而更应该得到我们的珍视。有时候，我们会对他们在某种程度上对善恶的无知而心生怜悯，这种善恶不分的缺陷与黑白不分的缺陷不相上下。

13. 尽管你想活三千年或几万年，可是你得知道：任何人失去的不是别的生活，而是他如今所过的生活；任何人所过的也不是别的生活，而是他如今失去的生活。最长的生命和最短的生命在这一点上变得一致。尽管已经逝去的不太相同，可是"如今"对于任何人都是一样的。由此看来，失去的也只不过是单纯的片刻。因为人们不可能失去过去或未来——对于人们无法拥有的东西，谁能将其抢走呢？如果是这样，那么你一定要牢记这两件事：一是所有来自永恒的事物都是周而复始的，比如形式，一个人是在一百年还是在两千年或无涯的时间中见到同样的事物，对他来说都是一样的；二是活得最长的人和即将死去的人所失去的也是一样的东西。因为，唯一可以从一个人那里抢走的只有"现在"。倘若一个人真的只拥有"现在"，那么他就不会失去一个他现在尚未拥有的东西。

14. 我们需要记住，一切皆在于意念。犬儒派的摩尼穆斯所说的话和那些话的用途都十分明显，只要一个人肯从这些真话中受益就行。

15. 人的灵魂确实在残害自己。首先，当人的灵魂变为宇宙的一个肿块或一个赘生物之时，自残就会发生。如果我们为发生的事情焦虑，就会让我们自身脱离本性——所有其他事物的本性都包含在这一本性的某一个部分里面。其次,当一个人的灵魂被其他人排斥或恶意攻击时,他的灵魂就会残害自己。第三,当一个人被快乐或痛苦击垮之时,他的灵魂也会残害自己。第四,当一个人扮演一个言行不真诚的角色时,他的灵魂会残害自己。第五,当一个人毫无目标地行动,不加思考、不分真假地做事时,他的灵魂也会残害自己,因为即使最小的事情也需要有目标来参照,作为理性动物,其目的就是要按照理性以及最古老的城邦和政府的法律做事。

16. 在人的生活当中,时间就是一个点,转瞬消逝。物体是流动的,知觉是迟缓的,整个身体的结构易于分解,灵魂像一个旋涡,命运难以揣度,名声也不是那么符合事实。总而言之,归属于身体的一

切只是一道激流，归属于灵魂的是一场幻梦，生命则是一场战争、一个旅居的过客，死后的声名也很快会被遗忘。既然如此，人们该由什么来指引呢？只有依靠哲学。这样便能让一个人心中的神不受残害或伤害，避免苦痛与欢乐，不做没有目的的事，不虚伪、不隐瞒、不欺诈，也不需要其他人为他做或不做任何事情。接受业已发生的事情，不论分配给他的份额是什么，都看成是来自他自己所来的地方的。最后一点是，将死亡看作组成一切生物的元素的分解，用欢乐的心情静候死亡的到来。在事物的变化过程中，倘若元素本身并未受到伤害，那人们为何还要为这些元素的变化和分解而忧愁呢？死是符合本性的，符合本性的东西都不能算作恶。

（写于卡农图姆）

卷三

灵魂不能受制于肉体

1. 在生活中，我们除了要考虑我们的生命时刻都在消耗，所剩部分日益减少外，还要考虑到就算一个人活得再长久，他也不能确保他的理解能力仍能继续让他领悟事物，他的思考能力依然能够获取关于神和人的知识。这是因为他会在排泄、营养、想象和胃口或其他类似能力衰退之前就出现老年性昏聩。而那种运用我们自身的能力、达到我们义务标准的能力、准确辨析各种现象的能力，以及考察一个人是否该现在辞世的能力等诸如此类的能力，都需要一种经过严格训练的理性，但这种理性却会随着时间的消逝而渐渐衰退。因此我们一定要抓紧时间，因为我们不仅在慢慢地走向死亡，而且我们对事物的观察和理解能力也正在逐渐衰退。

2. 我们还会发现：即使在那些符合自然规律而产生的事物之后出现的事物身上，也会拥有让人充满欢欣的吸引力。比如，在烘烤面包时，面包表面有时会出现某些裂痕，有些裂痕并不是面包师最初想要的，可从某种意义上说它依然是美的，因为它用一种独特的方式刺激着人们的食欲。再拿无花果来说，当它们成熟时也会裂开口；而成熟的橄榄则在它们临近腐烂时给果实增添一种独特的美感。沉甸甸的低垂的谷穗，狮子的睫毛，野猪嘴里冒出的泡沫，还有许多其他的东西，当你孤立地观察它们，尽管会觉得它们没有那么完美，可是因为它们是自然形成的事物，所以还是有利于修饰整体本身的，是令人欢愉的。

因此，当一个人对宇宙中产生的事物具有一种感觉和较深的洞察力的时候，那些本来作为其结果的事物在他眼中却几乎全是以某种引起快乐的方式出现的。因此，当他在观察真正的野兽张开的下颚时所获得的快乐，并不会比看画家和雕刻家所模仿的作品时获得的少。他既可以从老男人身上发现某种成熟，在老女人身上发现美丽，又可以用纯净的眼光从年轻人身上发现魅力和可爱之处。在生活中会出现许多这样的事情，它们不能取悦于所有人，但是可以让真正熟稔自然及其作品的人感到欢欣。

3. 当古希腊著名医生希波克拉底将很多病人治愈后，他自己却因病死去了。当占星家们预言了很多人的死亡后，命运之神也带走了他们的生命。当亚历山大、庞贝、恺撒在击败数十万骑兵和步兵，并多次将完整的城市毁灭后，最终他们也都与世长辞。当赫拉克利特深入研究了宇宙的火之后，最后他却死于水肿病，死的时候全身还被污泥弄脏了。虫豸将德谟克利特毁灭了，而其他虫豸将苏格拉底杀死了。

上述这些说明了什么呢？你先是上船，然后向前航行，继而靠近岸边，最后下船。倘若确实是驶向另一个生命，就不需要神，在哪里也不需要。可是倘若是驶向一个使人没有知觉的地方，那么你就不会再被痛苦和快乐控制，也不会再受身体的奴役。身体越低贱，它所服务的对象就越高贵，因为前者是泥土和腐朽，后者则是理性和神性。

4. 如果你没有将公共福利的某个目标作为自己的思想导向，那么也不要将你所剩的生命耗费在考虑其他人身上。这是因为，在你产生这种想法的时候，你就失去了做其他事情的机会。当我们用心观察别人在做什么，思考别人为何那么做，琢磨别人说了什么话，在想什么或讨论什么的时候，我们会由于过多关注他人而忽视了关注我们自身的支配力量。

因此，在我们的思考过程中，我们要压制所有毫无目的和没有价值的想法，还有众多或好奇或恶意的情感。一个人应该只考虑这样一些事情，那就是如果突然有人问："你此刻在想什么？"你可以坦白地告诉那个人：我在想这个或那个。同时，还要让那个人从你的回答中清楚地感受到，你内心的所有想法都是质朴和仁爱的，对一个社会动物是有利的，你丝毫不在意自己的快乐或感官感受，你对人没有敌意，不会嫉妒和猜疑别人，也没有任何其他让你说出来后感到羞愧的想法。

因为，只有一个最好的人才能如此爽快地回答出突然的发问，就像是神灵的一位使者，他会运用内心的神性，让他免于被快乐沾染或被痛苦伤害，既不接触任何侮辱也不感知任何的恶。他是一个奋战于最高尚的战斗中的战士,任何激情都无法压倒他。他渴求正义,心怀感激地接纳所有发生在他身上的事情,以及所有作为他的份额分配给他的事物。他不会时常但也并不是说没有必要因为普遍利益而去考虑别人的言行和想法。他只能为自己的行为而做决定,他总在思索哪些是从事物的整体中分配给他的,如何让自己变得正直,以及使自己相信被分配到的这一份是好的。因为他可以掌握分配给自己的命运,命运也掌握着他。

他也知道所有的理性动物都是他的同胞,知道关爱每个人是合乎人的本性的。一个人不应该接受并服从所有人的意见,只需接受并服从那些确实依从本性生活的人们的意见就可以了。然而还有一些不这样生活的人,他十分清楚这些人在家中或离开家时是什么样子,白天或晚上是什么样子;知道他们从事什么工作,与什么样的人在一起,过着不纯洁的生活。与此相应,这些人甚至对自己都不满,因此他丝毫也不在意来自这些人的称赞。

5. 不要不情愿劳动,要尊重公共利益,遇事要三思而行,做事要专注,不要徒有其表而无真才实学,不要丢掉自己的思想,更不要成为唠叨没完或庸碌无为的人。同时,使你内心的神成为一个保护者吧,一个有生命存在、介入政治、成熟的男子的保护者,成为罗马人,成为一个统治者的保护者。这个统治者接纳了自己的职位,如同一个等候从生活中召唤他的人那样,不需要誓言或约定,也不需要其他人的证词。保持愉悦,既不祈求外来的帮助,也不接受其他人给予的宁静。如果一个人能做到这些,那么他一定会独自昂首挺立，不需要依靠其他人来扶持。

6. 在人类生活中，倘若你看到了比正义、真理、节制和坚忍还要好的东西，即看到了比你心灵的自足更好的东西——你心灵的这种自足可以让你在并非源于你自己的选择而是在命运分配给你的情况下，仍然能依从正确的理性做事，倘若你发现了比这更好的东西，那么就要将你全部的身心投进去，尽情享用那最好的东西带给你的欢乐吧。

但是，倘若没有东西比你心灵的自足或心中的神性更好的话——它审视你的全部喜好，认真考察你所有的印象，同时如苏格拉底说的那样，让自身免遭感官诱惑，将自身交给神灵，而且要关爱人类——倘若你看到的其他所有东西都比不上它，那么就别给其他的东西挪位子，因为只要你一旦步入歧途，或倾向于其他东西，那么你就再也无法集中精力偏爱那些真正适宜和归属于你的好的事物了。这是因为，让交口赞叹、权力或享受快乐等任何其他东西与那在理性上、在政治中或实践中的好的东西竞争是不正确的。那些东西，就算看起来能在有所限制的条件下让其适应于更好的事物，然而之后它们会立刻居于主导地位，并带走我们。

因此在我看来，你应当直接挑选那更好的东西并坚持下去。然而你却认为，凡是有用处的就是更好的。也罢，倘若对拥有理性的你来说它有用处，那就请你坚持它；可倘若它只对于作为一个动物存在的你有用处，那就请你拒绝它，不要自以为比别人高明就固执己见，而应该用一种恰当的方法去探索研究。

7. 生活中有一些事情让你无法兑现承诺，让你失去自尊、憎恶别人、疑心重重、苛求他人、变得虚伪和充满欲望，任何这样的事情都需要墙和幕来阻挡或遮掩，你不要觉得这样的事情对你有利。因为如果一个人更喜欢他个人的理性并崇敬神灵，那么在生活中他就不会上演悲剧。他从不呻吟，无须独处，也不需要更多伙伴，最重要的是，他既不受死的引诱也从不逃避死亡。他毫不关心其灵魂会在身体里待多久，就算让它立刻离开，他也会欣然接受，就如同他要去做其他能正当和荣耀地去做的事情一样。在整个生命中，他仅在意这一点，即他的思想始终要从属于一个拥有理性的人、从属于一个公民团体中的人。

简朴而快乐地生活

8. 当一个人在磨砺和净化其心灵时，你从中看不到任何腐朽、不法以及愈合的伤口，当一个人的命运被夺走时，就好比世人常说的让演员在剧终前离开舞台似的，这个人的生命仍是完整的。而且，在这个人心中不存在任何奴性和矫饰，他既没有被其他事物紧紧地绑缚住，也没有远离它们。他从不指责，也从不逃避。

9. 在你的支配部分中，有没有与理性动物的本性和气质不相符的意见呢？如果有，请尊重并完全依赖产生这种意见的能力。它可以让你免于武断行事，让你友好和善地对待他人，敬重并听从神的旨意。

10. 请抛开所有的东西，专注于做少数的事情；另外，你要记住所有人都活在"现在"这个时间中，每个人生命的其他部分不是已经过去就是不确定的未知，"现在"则是一个无法与过去和未来分开的点。所以所有人活着的时间都是短暂的，居住的角落都是狭窄的，就算死后的名声再长久也还是短暂的，尽管这名声被一代代后人铭记和传颂。可后人们也最终会很快死去，而之后的人他们有时连自己都不知道，更不用说已经死去多年的人了。

11. 我补充下面这一段，以完善上面所说的内容：请你对展现在你面前的事物进行定义或描述，以便于从该事物的实体、袒露及其完整性来清楚地判断其性质，将适合它的名称和组成它的各种事物（日后它会再分解成别的事物）的名称告诉你自己。

在这个世界上，心灵的飞升是最具创造性的，没有什么可与之相比，因为它可以系统而真实地考察展现在你面前的生活中的每一个对象，时刻注视着每一个物体，以利于看清这个宇宙的性质；考察所有的

事物在其中分别有何作用,对整体来说有何价值,对人来说又分别有何价值(人只是宇宙这个至高之城的一个普通公民,所有其他的城邦都像是从属于至高之城);每个事物是什么,由什么组成,此刻给我印象的事物可以维持多长时间,在文雅、果敢、诚挚、忠实、质朴、满足等诸多德行中,我该用什么来对待它。

所以,不论在什么情况下,人们都应当这样说,这是来自于神的安排,是根据命运之线网罗交织而成机缘巧合;说这些事来自于和我有着相同根源的人,来自于我的一个同胞或伙伴,但他们却不清楚什么事情符合自己的本性。然而作为一个清楚什么事情符合自己的本性的人,我会用仁爱、公正之心按照同胞之谊对待他们。与此同时,我还想尝试着确定每一个我漠不关心的事物的价值。

12. 在处理眼前的工作时，你要严格遵从正确的理性，充满活力，平稳沉着，专心致志，不让任何其他的事情分心，从而保持你内心的纯洁，好似你随时都可以放弃生命一样；假如你能坚持做到这点，没有欲望，也无所惧怕，对你现在符合本性的活动感到满足，对你说出的每个词和音节中流露出的勇敢的真诚感到满足，那么你一定会过得幸福。任何人都不能阻止你获得这样的幸福。

13. 医生时刻都会准备好他们的器具和手术刀，以防突然出现需要他们医治的病人，同样，你也要铭记一些原则，以便参透神界和人世的事情，这样你在做事的时候，即使是做最细小的事，也可以结合神界与他的联系来考虑；因为只有参照神界的原则，你才可以把人的事情做好，反之也是这样。

14. 不要再四处闲逛了，因为你的记忆力即将逐渐衰退，无法再追忆起古代罗马和希腊人的行为，也无法阅读你为自己晚年保存的书籍了。所以，倘若你真的在乎自己，请牢牢抓住你面前的最后一些日子，将无用的希望抛开，自己救自己，因为这是你可以做到的。

15. 他们不清楚这些词语包含着多少意义在其中：偷盗、播种、购买、保持安静、择事而为。这些不是仅靠眼睛就能看出来的，还需要另一种观察力。

16. 感觉从属于身体，爱好从属于灵魂，判断从属于理智。人类拥有通过感观获得印象的能力，而动物也拥有这种能力；野兽、男妓、法勒里斯和尼禄都会受一连串的欲望的驱使；那些不信神、背叛国家、闭门做坏事的人们也会在理智的指导下做一些符合理性的事。

可是倘若我刚提到的那些都是人所共有的，那么善良的人们究竟有什么是独具的呢？那就是不管发生什么事情，都为神安排给他的命运而感到满意和欢欣；让他心中的神性保持安宁，像对待神那样忠顺地服从它，不玷污它，也不让各种妄念搅乱它，永远不说任何背离真理的话语，不做有悖于正义的事。他始终过着简单、质朴、谦逊和满足的生活，就算其他所有人全都不信，他也绝对不会向那些人中的任何一个人发怒，也不会因此偏离那条引向生命终点的道路。如果能够遵循这些，那么一个人就能做到纯洁、安宁、含笑九泉，完全心甘情愿地接受他的命运。

卷四

不要毫无目的地做出任何行为

1. 我们心中起支配作用的部分,在它符合自然规律的时候,对所发生的事情都能适应;它不需要某种特定的物质,也总能让自己尽快适应那可能发生的和正在发生的一切。它为了实现目标,在某种情况下,会将与自己对立的事物化为己用,就像火焰吞噬掉进它里面的东西一样。若是小火苗,有时便会被落在它上面的东西压灭,可若是熊熊大火,它就能迅速占有并吞噬落在它上面的东西,火势也会因此愈加猛烈。

2. 不要毫无目的地做出任何行为,也不要脱离艺术的完美原则。

3. 人们想让自身归隐,于是隐居在茅舍山林。你也渴望这样做吧,这只说明你是一个普通人,因为不管何时你想退隐到自己的内心,都可以做得到。一个人退入自己的心灵比退到任何地方都更加安宁,苦恼也更少,尤其在他产生退隐的想法之时,他通过思考这些立刻就能进入完全的安宁。我执意认为:安宁即是使心灵井井有条。所以，请你始终借助这种退隐来获得内心的宁静吧，使自己不断重生，使你的原则既简单又根本，若能如此，它们便能彻底净化你的心灵，当你回到退隐之前的那种生活时，心中也不会有任何不满。

那么，是什么让你心生不满呢？是不满人心的邪恶吗？如果是这样，就请你的心灵回想一下这个结论吧：理性的动物相互依存，宽容也是正义的一部分，行恶的人们并不是有心的；想想已经有多少人在相互敌视、猜疑、仇恨、战斗之后死去而化作尘烟，你就可以安宁了。可是，或许你是因对从宇宙中分配给你的东西感到不满，那就请你回想一下这个思想：这个世界，要么是神创造的，要么是原子组成的，二者同时存在只是偶然；或者回想那些证明了这个世界是一个政治社会的论点，它们终会让你安静下来。然而，或许有形的事物还是会让你不满，那就请你进行深入的思考：如果心灵能与身体分开，并发现它自身的力量，那么不管是进行平缓或激烈的活动，心灵都不会与呼吸相混；然后请再回想一下所有在痛苦和欢乐方面你听到和同意的观点；最后你终会让自己安静下来。

然而，或许你因渴望赢得名声而感到不满，那就请你看清楚，其实所有的事物都将被人们很快地遗忘，看看混沌的过去和未来无涯的时间；看看赞美多么虚无，看看在你面前演戏的人是多么善变与无知，名声的舞台又是多么狭小。最后你也会让自己安静下来的。整个宇宙只是一个点，你住的地方不过是宇宙中更小的一个角落，在它上面存在的东西又是多么少，而又能有几个称赞你的人呢？

因此，请依然牢记这些：记着退入你自己的小领域内，不可分心或紧张，保持自由，从一个人、一个有人性的人、一个公民、一个终有一死的人的角度来看待事物。请让你手边容易碰到并注意到的事物保持存在，它们不过是如下两种：一种是外在且无法改变的不接触心灵的事物，可是我们的烦忧只来自我们的内心；另一种则是迅速改变和消逝的所有这些事物；你早已亲眼见过很多这样的变化，请牢记这些吧。宇宙会随着时间的推移而变化，生活则只是主张。

4. 假如我们拥有同样的理智部分，那么根据我们是理性的存在来说，理性也应该是同样的，所以，指引我们做或不做什么的理性也应该是同样的，所以，也应该奉行一个同样的法则。这样一来，我们便全部属于同一类公民，全部是某种政治团体的成员，从某种意义来说，这世界便是一个城邦。因为没有人会说整个人类是其他政治共同体的成员。我们真正的理智、推理和法治能力恰是从这个共同的政治团体中产生的，不然，又是从何而来的呢？我身体里的土来源于自然界的土元素，水来自水元素，火来自火元素。——因为任何东西都不会源于无，也不会归于无——因此理性部分也必然是有根源的（编者按：古罗马人把水、气、火、土当成世界万物之源。）。

5. 死亡和出生一样，皆源于自然的奥秘，是同一部分元素的组合和分解，这既未背离一个理性动物的本性，也未违反我们的结构法则，所以人们完全没必要为此感到羞愧。

6. 有什么样本性的人便会做出什么样的事，这是自然且必然的。倘若不准许一个人这样，就好比不准许无花果树有汁液一样。然而不管怎样都要牢记这一点：你和别人都会在很短的时间内离开人世，用不了多长时间人们就会连你的名字也记不起了。

7. 如果将你的意见抛开，你就能抛开"我受到了伤害"这种抱怨。一旦抛开"我受到了伤害"的抱怨，那伤害也就不复存在了。

8. 凡是不能使一个人的本性变得更坏的东西，一定也不能使他的生活变得更糟。也就是说，它不能从外部或内部对人产生破坏。

9. 凡是对人民大众有益的事物，一定拥有决定它如此表现的本性。

10. 将所有发生的事情都视为理所当然的事情，而且通过认真观察，你会意识到确实如此。在这里，我除了指事物的因果联系，还包括公道本身，好像每个事物的一切价值都自有安排，各得其所。然后像你起初那样观察，不管做什么，你都应该仿照着善或被你在此意义上理解为善的行为来做，并将这一点贯彻于所有行动中。

11. 对事物抱有的意见不要与错待你的人所抱有的意见相同，也不要抱有他期望你有的意见，而应该依照事物的真实情况来做出评判。

12. 人们应该永远将这两条规则当作座右铭：一是你所做的事情应该以符合法律和公众的利益为唯一宗旨；二是倘若你身旁的人向你提出正确意见并纠正你的错误，那么就将你的意见改变。可是改

变意见的前提必须且只能是源于某种说服,犹如说服什么是公正或符合共同利益等问题一样,而非因为它能够使人愉悦或赢得名声。

13. 你有理智吗?我有。如果有,为什么不运用你的理智呢?只要理智发挥作用,你还会需要什么别的力量吗?

14. 你是宇宙的一部分,从哪里来,就会回到哪里去。也就是说,你会经历一些变化,但最终归为造物者的理性。

15. 这些香灰都会落在同一个圣坛,有的早一些落下来,有的晚一些才落,但实际上没什么差别。

16. 如果你坚持自己的信条并遵循理性,用不了十天工夫,那些曾把你看作野兽或当成猿猴的人就会将你奉为神明。

17. 不要像你能活一千年那样行事。因为死神时刻在窥探你。所以在你活着的时候,当行善在你的能力范围之内的时候,请多行善。

18. 如果一个人不去探察其邻居在说什么、做什么或想什么，只是关注他自己做的事，关注公正和纯洁的事情，抑或如厄加刺翁说的，只是顺着正直之路进发而不去管他人的道德堕落，他将使自己避免多少烦恼啊！

19. 对死后的名声有着强烈欲望的人，他们不会想到回忆他的那些人也会很快死去，之后他们的子孙也将死去，直至有一天所有的记忆都会随着那些愚昧的崇拜和死去的人们烟消云散。可假使记住他的那些人能够永生，他的身后名声会永恒，那又有什么意义呢？不要说这对死者毫无意义，即便是生者，除非它确实有某种作用，否则别人的赞美又有何用呢？你拒绝了自然赐予你的天性，心里只挂念着死后的虚名，多蠢啊……

20. 各方面都美的事物本身也是美的，它的美归于自身，称赞并不包含在其中。所以被称赞并不能让事物本身变好或变坏。我相信这一点也适用于被普通民众称为美的事物，比如物质的东西或艺术作品。除了法则、真理、仁爱或节制以外，真正美的东西不需要任何其他的东西。然而上面那些事物哪一个是因被称赞而变美，或因斥责而变丑的呢？好比祖母绿、黄金、象牙、紫袍、七弦琴、短剑、鲜花和树丛之类的东西，莫非会因为没被称赞而变坏吗？

21. 倘若灵魂在人死后依然存在，那么大气该如何无穷地容纳它们呢？大地又该如何容纳从古至今那些被埋葬的人的尸体呢？在这里，犹如那些尸体在保持一段时间后变化一样，不管变成什么样子，它们的分解都为其他尸体腾出了空间，移入空气中的那些灵魂也是这样，存在一段时间后就会被改变和分解，它们通过一种融进宇宙的再生的智慧得到一种类似火焰的性质，并用这种方式为那里的有肉的灵魂腾出空间。这便是一个人对灵魂在人死后依然存在的这种假设所能给出的答案。

然而我们除了必须思考被这样埋葬的尸体的数目，还要思考那些每天被我们吃掉的动物和其他肉食动物的数目。因为，被消费的是如此庞大的一个数目。这样的话，它们就会以某种方式被埋葬于以它们为食的那些人的身体里！只是大地仍然会通过将其身体化为血，或化为像空气或火焰般的元素而容纳它们。

那么在这件事上如何探索研究才能触碰到真理呢？答案是通过划分质料和形式。

22. 在每个行动中都要敬重正义，坚持用领悟或理解能力对每一个印象进行分析，不要让思绪烦乱。

23. 无限的宇宙啊，只要是同你和谐的东西，也就会同我和谐！只要是在时间上和你相宜的，对于我来说也不会过早或过晚！伟大的自然啊，你每个季节所捎来的，皆是供我受用的果实！只要是从你那里来的，在你那里存活过的，皆会返回你的身边。诗人说："令人喜爱的西克洛普之城！"对于你，我是不是可以说"啊，令人喜爱的宙斯之城"？

24. 哲学家说，假如你想保持宁静，那就少做事。然而考虑一下这样说是不是更好呢：只做必要的事情和理性所要求做的所有事情，并按照要求去做。这除了能带给你因做事适当而产生的宁静，还会带给你因少做事而产生的宁静。因为在生活中，我们说和做的大多数事情都是没有必要的，假如将它们取消，你会有更多的空闲和更少的不适。所以每个人每做一件事时都应这样问自己：这件事情真的必要吗？每个人都应该将不必要的行为取消，并将不必要的思想丢弃，只要如此，就不会有无聊的行为来扰乱我们了。

25. 尽力过一个善良的人的生活，而且必须非常愉快地接纳整个宇宙分配给他的那一份。对于自己的举止行动是不是合情合理、自己的居心是不是忠实厚道进行检讨，看一下是不是都已做到。

26. 那些事情你见到过吗？你要留心观察事情的另一面。要保持你的单纯，不要被扰乱。有人对你行恶吗？那么他同时也是对自己行恶。你发生了什么事吗？好，从古至今那宇宙中发生的所有都是分配给你和为你仿制的。你的生命十分短暂，因此你必须专注于利用现在，以你的理智和正义去生活，并在放松中保持警醒。

27. 这个宇宙可以说井然有序，也可以说混沌一片，可依旧是一个宇宙，其中也存在某种规律。如果宇宙全无秩序，那你内心的秩序从何而来呢？在一切事物都这样分离、分散和共振的时候，在你心中也保有某种秩序。

28. 一种凶狠恶毒的品性，一种怯懦软弱的品性，一种强硬顽钝的品性，没有人性的、野蛮的、孩子气的、愚笨无知的、不真实的、奉承讨好的、贪得无厌的、残忍凶暴的品性！

29. 假如他是一个不知道宇宙中有什么的局外人，他也就不知道宇宙中正进行着什么。这样的人，是一个逃避社会理性的人，一个紧闭理解之门的盲人，一个不从自身而是从他人身上吸收有益于生活的全部东西的可怜家伙。这样的人，是宇宙中的一个累赘，对发生的事情感到不满，因此将自己与我们共同本性的理性脱离和分隔开，却不知道是同一本性产生了这些事情和他。这样的人，是从国家中分裂出来的一块碎片，他将自己的灵魂与那与之融为一体的每个理性动物的灵魂相分离，自私而无用。

30. 有一名哲学家一件上衣也没有，还有一名哲学家连一本书也没有，另外还有一名哲学家则是半裸着身体的，他说道："我无东西可食，马上就会因饥饿而死去，然而我会牢牢把握住理性。"我亦是这样：我从我的知识中什么也获得不了，但我与理性同在。

31. 不论你所学的艺术是何等贫乏，请热爱它并对此感到满足，犹如一个用他的身心、他的所有去信赖神的人那样度过你剩余的生命，让你自己不成为暴君或任何人的奴隶。

让你的智慧只用于正直的行动

32. 假设处在维斯佩申的时代，你会见到所有这些事情：人们婚配、生育、生病、死亡、交战、宴饮、贸易、耕种、巴结、自大、疑心、阴谋、诅咒、抱怨、恋爱、敛财、贪求拥有元老和王者之权等。但是如今他们的生活已完全消失了。若重回图拉真的时代，一切情况也都一样，但他们的生命也已消逝。再用相同的方法去观察其他时代和整个民族，你会发现那么多人在巨大的努力后还是迅速死去，被分解为元素了。然而你应该主要为你熟知的那些人想想，他们只会寻求虚名，而不知道自己肩上的真正责任，而你应该坚守自己的信念并对此感到满足。在这里，你需要牢记，对所有事物的关注，都应遵循"存在即是合理"的准则。只要你不过度关注微小的事情你就会感到满足。

33. 以前熟悉的词如今被废止不用了，过去声名显赫的那些人的名字如今也在某种程度上被遗忘了，比如克米勒斯、恺撒、沃勒塞斯、利奥拉图斯，稍后的西皮奥、加图、奥古斯都、赫德里安以及

安东尼。因为一切事情都会很快过去，变为一种传说，而传说不久也会被完全忘记。我说的这些也包括用各种奇特方式吸引人们注意的那些人，而剩余的人，他们呼完最后一口气后就死去了，从此无人再提起他们。总之，就算一种永恒的纪念又能怎样？不过是虚无罢了。既然如此，我们真正应该为什么而努力呢？唯有一件事：思想正直，行动友善，诚信无欺，陶冶禀性与气质，也就是愉悦地接受发生的一切事情，将它们视为必然、正常、源于同一个原则和根源的事情。

34. 心甘情愿地将你自己交付命运三女神之一的克罗托，请她来纺织你的生命线，把你的命运交由她来安排。

35. 所有事物的生命皆十分短暂，不论是记忆的事物，还是被记忆的事物，皆是相同的。

36. 应当不断观察，因为所有事物皆是通过变化而相互转化的。你应当习惯这样思考：宇宙尤为喜爱改变目前存在的事物再创造新的事物取而代之。因为目前存在的所有事物可视作种子，它们将滋生出新事物来。然而只要一说起种子，你便想到只有播入土壤或子宫里的才是种子，这种观点实在是太浅薄了。

37. 你即将离开人世，然而还未让自己简单质朴、远离烦忧，还未能摆脱外界疑虑的袭扰，还未培养出友善地对待所有人的性情，还未做到让你的智慧只用于正直的行动。

38. 研究讨论一下统辖人类行为举止的理性，看看那些才智卓越的人们努力回避什么，竭力求索什么。

39. 你认为是恶的东西，既不存在于其他人的支配原则中，又不存在于你身体的变化和变形中。

那么，它存在于何处呢？答案是存在于你关于恶的判断力中。如果你的判断力不将它看作恶，那么一切便归于正常。即使与它最亲近的可怜的身体被割破、灼伤、化脓或腐烂，也不能让你的判断力受到影响，从而妄加评判。也就是说，可以在好人和坏人身上同样发生的事情绝对不算是恶。这是因为，同样发生在背离自然生活的人与依照自然生活的人身上的事情，既无所谓是顺应自然，也无所谓是违背自然。

40. 我们要将宇宙永远视为一个活的、具有唯一本质和灵魂的东西；要认识到所有事物都与这一本质相关；所有事物都出自这唯一的动机；现有的所有事物是所有将要发生的事物的因；还要关注各种联系是怎样交织成纵横交错的网的。

41. 爱比克泰德说得很棒，"你乃是一个附于躯壳上的很小的灵魂"。

42. 经过改变的事物并非坏事，同样，因改变而产生的事物也并非好事。

43. 时间好比一条由发生的各种事件构成的湍急的河流，当你刚发现一个事物，它便被带走了，另一个事物立即取代了它，但取代它的这个事物也马上会被带走。

44. 发生的所有事情都平常且被人熟知，犹如春之玫瑰、夏之果实，同样，疾病、死亡、诽谤、背叛和其他任何让愚笨的人喜爱或厌烦的事情皆是如此。

45. 后来出现的事物和过去出现的事物有着紧密的联系。这是由于一个接一个的事物并不是各自先后出现,而是存在一种理性的联系;正如目前存在的事物在一种协调的秩序中被拼凑到一处,将来的事物亦是如此,不只是具有继承性,而且还同目前存在的事物有着巧妙的联系。

46. 应把赫拉克利特所说的话永久地牢记在心上:"土死后变成水,水死后变成气,气死后变成火,之后周而复始,永不停止。"我们还应谨记这句话,即"那个忘记了前进方向的旅行者——人——常常与他一生联系最紧密的那个向导——统辖宇宙的理性——争辩吵闹";我们不能"如同沉睡中的人那样去做事情和说话",这是由于我们在沉睡时似乎也需做事情和说话;我们也不

能像被管教惯了的孩子，不能动不动就拿"我们的父亲是这么对我们说的"来作为推脱的理由。

47. 假如一个神明对你说："明天你便会死去，不管怎样也过不了后天。"那么，你到底是明天还是后天死去？你一定觉得那已经无关紧要了，除非你异常地卑微、鄙陋，因为哪天死又有什么不同呢？既然如此，你到底是数年之后死去，抑或是明天死去，你也同样可以将其作为一件不重要的事情来对待！

48. 请你接连思考一下这些事情：有多少医生在多次向病人皱眉后死去；有多少占星家在提前预告了他人的死亡后也已经死了；有多少哲学家在接连讨论死亡或不朽后也已死去；有多少英雄在杀死上万敌人后死去；有多少暴君在以令人畏惧的蛮横手段使用他们对于人们生命的权力后死去了；又有多少像赫利斯、庞培、赫库莱尼恩和其他无数的城市被全部毁灭了。

然后将你知道的每个人依次加在这上面，当一个人在埋葬别人后死去，另一个人又将他埋葬了：而这些全都发生于一段短暂的时间内。总而言之，应该时刻关注属于人的事物是多么短促易逝和毫无价值，昨天好像一点黏液，明天则会变成木乃伊或尘土。因此，请你顺其自然地经历这段时间并愉快地过完有生之年，犹如一颗因成熟而掉落的橄榄，对产生它的自然和它生长的树木充满感激之情。

49. 应该像峙立在时刻拍打的巨浪前岿然不动的礁石那样，无视脚下狂暴的海浪。

"这件事发生在我身上了,我真不幸。"我们不应该这样想,应该认为尽管发生了这件事但我仍是幸福的,因为我一直使自己远离痛苦,也没有为现在或将来感到恐惧。因为每个人都可能遇到这样的事,然而并非每个人都能让自己在这种场合始终远离痛苦。可是,我遇到的为何不是一件幸事而是一件不幸的事呢?在所有情况下,你都将那并未偏离人的本性的东西叫作一个人的不幸吗?在一个事物没有违背人的本性的意志时,你会认为它偏离了人的本性吗?好,既然你清楚本性的意志,那么发生的这件事会阻止你成为一个耿直、高尚、节制、明智、不被不谨慎的意见和谬误影响的人吗?莫非它会阻止你拥有节制、自由和其他所有优良品质吗?人的本性恰是在这些品质中获取一切属于它自己的东西。在任何可能让你烦忧的场合都请应用这个原则:就算这是不幸,但若能勇于担当,那它就是幸运。

50. 有一个帮助我们轻视死亡的办法,尽管不甚符合哲学,但却很有效——那就是将那些年老体健且寿命较长的人们一个一个地列举出来。他们和那些寿命较短、死得较早的人们相比,难道他们多得到了什么吗?他们的尸体终究还是要被掩埋在土壤中,像克迪斯亚卢斯、费比厄斯、朱利安卢斯、莱皮德斯和另外的一些与他们一样长寿的人,他们见到很多人死后被埋入土壤中,最后他们自己也归于黄土。不论从什么方面来看,生和死之间的距离是非常短的。可是在这一段时间里还会遇到多少烦闷苦恼,会有什么样的人相伴,最终会依附于一个何等柔弱的身躯才能艰难地走过来呢?生命没有什么大不了的,不要把它当成一件富有价值的东西来看待。回过头来看,时间在你的身后张着血盆大口,往将来看,它又是一个没有穷尽的永恒。在这永恒之中,活三天和活三个世纪又有什么差别呢?

51. 坚持一直走直路吧,直路是顺应自然的,可以让人的言行合乎完善的理性。下定这样的决心,便能脱离痛苦、战争以及一切诡计和虚荣。

卷五

遵循你自己的和共同的本性

1. 当你早晨极不情愿地起床时，请这样想——我即将起床去做一个人应该做的工作。假如我要去做的这个工作正是我因之而存在并被带到这个世界上来的原因，我还有何不满意呢？莫非我生来只是为了躲在温暖的被窝中睡觉吗？——尽管这是比较令人高兴的事情，但你只是为了得到快乐才存在，完全不是为了行动和尽力。那细小的植物、小鸟、蚂蚁、蜘蛛、蜜蜂都在合力工作，有条理地履行着它们在宇宙中的职务，难道你没有看到吗？你不想做个人的工作，不希望尽快做符合你本性的那些事吗？休息也是不可缺少的，可是自然也为此规定了限度。就像吃得不能过饱喝得不能过多一样，然而你还是超越了其限制和范围；而你的行动却并非如此，它在尚未做你能做的事情之前就停下来了。

因此你不爱你自己，因为，假如你爱，你必会爱你的本性和它的意志。在工作中热爱他们各自的技艺的那些人，他们都忙得不可开交，没有洗浴，也没有食物；可是你对你的本性的敬重，还远比不上杂耍艺人敬重杂耍技艺、舞蹈家敬重舞蹈技艺、敛财聚富者敬重他的钱财，或者贪慕虚荣者敬重他微小的荣光。当一个人对一件事抱有强烈的兴趣时，就算不吃不喝、不眠不休，他们也要完善其所热爱的事情。可是在你看来，莫非对社会有益的行为令人厌恶，不值得你为之劳动吗？

2. 阻止和清除所有使人感觉苦恼或不适当的印象，之后马上进入彻底的安宁。这件事真的非常易于做到。

3. 不要被任何人的斥责或言语左右，去判断每个合乎你本性的言行吧。假如做一件事或说一件事是好的，不要认为它对你毫无价值。因为那些人有独特的指导原则，遵循他们独特的意图，你不用重视那些事情，而应遵循你自身的本性和共同的本性直接前进，遵循二者合一的道路。

4. 对于所发生的事情，我会依照本性去面对，直至有一天我长眠于地下，我呼出的最后一口气融入我每天吸入的空气中，我倒在这片土地上——我父亲从这片土地上收获谷类，我母亲靠它孕育了我，

我的奶妈靠它哺育我，很多年来我从中得到食物和饮料的供应；那大地任凭我踩在脚下，任凭我随着自己的意愿和目的滥用，却依然默默地承受着我。

5. 你并无过人的机敏聪慧能够值得人们夸奖。就算真的如此吧！你有很多其他的品质然而却不可以说："那是我天生就不具备的。"既然如此，那就将全部在你可以掌控之下的众多品质展现出来吧，比如诚挚、尊严、吃苦耐劳、讨厌纵情欢乐；不应抱怨命运，应甘于贫穷、知足常乐、应仁慈和善、保持独立、节约俭省、严肃认真、谦虚恭谨。你有没有发现？有那么多优良的品质，你本来能够很好地展现一番，不能将其推诿为天生不具备或品性不适宜，但是你却不愿意竭力去展现！莫非你是被逼迫而不得不抱怨、埋怨、贪婪、谄媚、损毁身体、取悦他人、自吹自擂、心神烦躁不安，还是仅仅由于你天生就是这样？天啊，不是这样的！其实你早就已经可以从这一切中解脱出来了，若是有何错误，则是错在认识得不够清楚和过于缓慢。对这种错误你要通过不断练习来进行改正，不能忽视它，也不能甘于反应迟缓。

6. 有一种人，在他为另一个人做了一件好事之后，他就想将此当作一种恩惠算在别人的账上。还有这样的人，他不想这么做，却仍是在心里将这个人当作是他的受恩者，并且他一直想着他做了的事情。还有第三种人，从某种程度来说，他甚至不记得他做过的事，犹如一株葡萄藤那样，当它结出应有的葡萄之后就不再探求更多的东西。当一个人在做了一件好事以后，他不应该要求其他人来看，正如马跑完了全程、狗捕到了猎物以及蜜蜂在酿蜜后一样，而应该接着做别的好事，就像一株葡萄藤在下一个季节仍会结葡萄那样。

既然如此，那么人们一定要按某种方式这样做而且不关注它吗？是这样的，而且也是非这样不可的。就是要察看一个人正在做的事情，察看他在用何种对社会有益的方式工作，而且确实期望他的社会同伴也看到他作为一个社会动物的贡献。也许你要说，你说得没错，可是你却并未理解现在所说的：所以你会成为我前面提到的那些人中的一个，他们也是由于某种理性的展示才走上了错误的道路。然而假如你好好考虑现在我所说的话，那么就不要担心你会因此而忽略任何对社会有益的事。

7. 在雅典人中有这样一种祈祷方式："亲爱的宙斯，下雨吧！让雨滴降落在雅典人耕种的土地及辽阔的平原上吧！"我们其实完全不应该祈祷，如果要祈祷也应该用这种单纯且直率的方式进行。

8. 恰如我们肯定理解下面的话：爱斯库拉普为一个人开药方，叫他练习骑马、洗冷水澡或赤脚行走。我们也同样肯定理解下面这句话：宇宙的本性为一个人开药方，叫他生病、损伤肢体、失去或其他类似的事情。"开药方"在前一种情况中的意思是，他给这个人找出利于获取健康的东西；"开药方"在后一种情况中则表示，发生在每个人身上（或适合于每个人）的事情，全是按某种方式为这个人确定并与其命运相适应的。因为就如同工匠将石头彼此严密地联结在一起时，说墙壁上或金字塔内的方块石头合适一样，这便是我们所说的事情对我们合适，是一个适宜的，和谐的概念。就像宇宙之所以能变成这样一个物体，就是由全部独立的物体构成的，同样，命运也是由一件件机缘巧合的事连缀起来的。那些完全无知的人甚至也明白我的意思，因为他们这样说：它为这么一个人带来这样的事情。也就是说，这件事作为一剂药方开给了他。既然如此，就让我们同时接受爱斯库拉普的药方和这些事情吧！当然，在他开的药方里面也有很多不一致的，可是因为期盼着健康，我们便全部接受了。

各种事情的圆满和成就被共同的本性视作好的东西，你也将它视作和你的健康同属一类的吧！就算每一件发生的事情看上去并不一致也要接受，因为它使得宇宙健康，使得宙斯（宇宙）得到成功和幸福。因为宙斯为每个人带去的，假如对整体没有用，那么就不会为他带去了。不管是什么，它的本性与它所支配的东西都不会产生任何不相宜的情况。

所以，对发生在你身上的事情，你有两个理由应该感到满足：一是因为它是为你开的药方，是为你做出的，而且从某种程度来说，它和你的关联来自于和你的命运交织在一起的那些最古老的缘由；二是对于控制宇宙的力量来说，我们每个人的遭遇都是出于它自身的和谐和圆满，为了它的生生不息。假如你从每个部分或每个缘由的联结和继续中间打断任何事情，那么便破坏了整体的完整性。可是在你感到不满并用某种方式打算将什么事物消灭的时候，你就真的是完全破坏了宇宙的圆满。

9. 假如你按照正确的原则做事，但所有事情都没有做成，你也不必憎恶、沮丧或不满；你应该在失败时重新从头做起，只要你做的大多数事情合乎人的本性，你就应该感到满足。请热爱你回归的家园，然而不可回归哲学，就好像她是主人似的，你应该像眼疼的那些人希望得到一点海绵和蛋清那样，像一个病人期望得到一块膏药或用水浸洗患处那样行事。这样，在遵循理性方面你将不会失败，你会从中获得安宁。哲学只要求你的本性所要求的事情，可是你却有不合乎本性的其他东西，请牢记这一点。可能你会反对道，那件事为何比你正做的这件事更让人感到快乐呢？可这不恰好是由于快乐在欺瞒我们吗？然后再想想慷慨、自由、质朴、镇静、虔诚是否让人更不愉快。所有事物都有赖于理解和认识能力，在你想到所有事物的有保障和幸福的过程时，还有哪些比智慧本身更使人愉快呢？

10. 普通的事物皆可说是非常高深莫测，很多哲学家，而且是出色的哲学家，皆确定这是他们所不能理解的，甚至在斯多亚派哲学家们看来也是很难理解的。通过我们的感官而获得的印象皆有可能是错的，谁可以自始至终都不犯错呢？我们再仔细察看一下客观的事物，想想它们的存在是多么短促、多么没有价值！它们很有可能已经被一个受宠的仆人、一个娼妓或一个强盗所霸占，成了他们的财产；再看看与你生活在一起的那些人们的道德水平，就算他们中修养最高的人也很难忍受，至于自己是不是可以忍受则更不用说了。

在如此黑暗和污秽中，物质和时间始终流动不止，所有的事物都会伴随着它们的流动而全部消逝，这当中有何事物是真正值得我们认真对待或一心追求的呢？我实在找不出来。相反而言，一个人应当高兴而满足地等待着他自己被自然所分解，而且不用心情急切，烦闷苦恼，应该用下面的两个想法来抚慰自己："一是只要同宇宙的自然之道不符合的事物，绝对不会降至我的身上；二是只要同我身外和心中的神祇的意志相背离的事情，我绝对不会去做。"

11. "如今，我在如何使用我的灵魂呢？"不论何时何地，应始终以这句话来询问自己，且应如此自省：我自己所拥有的一部分就是

人们所说的"理性",我对于自己所拥有的这一部分,要维持一种什么样的联系呢?我全部的灵魂又是什么样的灵魂呢?是一个幼儿的、一个青年人的或一个柔弱妇人的灵魂,还是一个专横残暴的君主的、凶猛的、野兽的灵魂?

  12. 在大部分人眼里是好的那些事物,到底是些什么呢?你可由下列的探索研讨中找出答案。倘若一个人坚信一些事物真的好,比如聪明才智、节制、公正、有勇气,那么当他先有这个坚定的信念后,他就不想再听像诗人说的"仅仅是由于他占有财富"之类的任何与真正好的事物相抵触的事情了;这是由于那是丝毫没有关联的。然而,假如一个人先已经决定努力求索普通人觉得好的事物,那么可能他就会认真地听并且认可这个诗人的语句是真正适宜的。其中的区别,不管是谁皆能辨别清楚;不然,这一句话在前一个例子中就不会受到人们的憎恶,而我们却以为是关于财富、名位和利益的恰当而幽默风趣的话。既然如此,接着深入询问吗?只要是能利用诗人"仅仅是由于他占有财富，以至于没有地方能够使其安定地生活"这句话来进行嘲讽的人，我们是不是要将其所占有的事物视为好的而对他尊崇呢？

13. 我是由因缘和物质组成的，这两者皆不会因灭亡而变成非存在，恰如它们皆不是由非存在变成存在一样。因此我的每一个部分便都会通过变化而变为宇宙的某一个部分，之后再变为宇宙的其他的一个部分，就这样类推下去，永不止息。我也是经由这种变化的结果而存在的，我的父亲和母亲也是如此，就这样朝另一个方向永无休止地变化下去。这种说法是完全正确无误的，哪怕这个宇宙是按照众多变革的时代来管理的。

14. 无论是对于自身还是其自身的工作来说，理性和理性的艺术皆有一种自我满足的天资。它们由一个从一开始就有的原则出发，朝着目标勇往直前，直至到达规定给它们的那个终点。这便是这种活动之所以被称为正确活动的缘由，这个词表明它们是按照正确的道路前进的。

15. 不符合人的身份的事物，是不能被当作属于人的。这些事物不被人需要，也不被包括在人性中，它们对人性的完善也毫无益处。所以，人生的目标以及利于达到目标的东西都不在这些事物当中。除此之外，假如这些事物中确实有属于人的，那么就不该轻视和拒绝它们，不想拥有这些事物的人也不应当被称赞；假如这些事物确实是好的，那么还不具备这些的人也就不能算是好人。可是如今，假如一个人失去或被剥夺这些或者相似的事物，而他能耐心地承受这些损失，无所怨恨，那他就是一个好人。

16. 你经常想什么，你的心灵就是什么样子的，这是由于灵魂会受到思想的熏陶。连续地用如下的思想去陶冶你的灵魂吧：比如，在一个可以生存之处，你就可以过得很好；然而你所说的生活必须是在宫殿内居住的生活。好吧！就算在一个宫殿内你也可以过得很好。再比如说，每个事物不管是为了何种目的而被创造出来，终归会被带往这个目的；每个事物的终点就是它所需被带往的地方，在那个终点所在的地方，也存在着每个事物的益处。对于一个具备理性的动物来说，'善'就是同人类和谐地交往。我们就是为了能够和谐地交往而降生在这个世界上的，这点很早就已经说明了。低等的事物是为服务于高等的事物而存在的，高等的事物亦是为相互服务而存在的，这点不是非常明显而且容易理解的吗？那些有生命的生物总是比没有生命的事物优越，而在有生命的生物中，那些具备理性的生物则比那些只有生命而没有理性的生物更加优越。

追求不可能的事情简直就是发疯

17. 如果你追求不可能的事情，那么你简直就是发疯，但是恶人却总在做这样的事情。

18. 从我一定要为人们谋求利益和忍耐他们这个方面来说，人是最接近我的存在。然而却经常会有一些人妨碍我合乎本性的行为，每当这个时候，对我来说人就变成了与我毫无关系的那些中性的事物之一，同太阳、风或一头野兽没有什么差别。这些人的确有可能妨碍我的行为，可是他们并不会妨碍我的主动权及心理意愿，而这些主动权及心理意愿则可以随着情况的变化而限定和改变行为。因为心灵会将每个障碍皆转换成对其行为的援助，使得原本是障碍的东西成为对一个行为的推动因素，原本是路上的屏障的东西最终却会帮助我们在这条路上更好地前进。

19. 宇宙中最好的东西就是利用和引导一切事物的东西，因此请尊重它们。同理，你自身最好的东西与上面所说的东西有相同的性质，因此也请你尊重它。因为那利用其他所有事物的东西也存在于你的身体里，它指引着你的生活。

20. 不损害国家利益的那些事情，同样也不会损害公民的利益。下面这条规则可以应用于一切看上去是损害的现象：倘若国家未受其损害，我也就未受其损害。然而倘若国家受到了损害，那么你也不可向损害国家的人发怒，而应让他看到他的错误。

21. 时常想一想那些存在的事物和被创造的事物，它们变化和消失得都那么快。实体犹如一条急流的河，事物的活动总在接连的变化当中，所有原因也在没有穷尽的变化中发挥着作用，几乎没有什么是静止不动的。想一想接近于你的那些东西，那全部事物都会在其中的过去和未来的没有穷尽的深渊中消失。所以说，因这些事物而自得或愁苦、将自己搞得情绪起伏的人岂不是很傻？因为这些事物只会烦扰他很短暂的一段时间。

22. 想象宇宙万物，你只是其中很小的一部分；考虑一下宇宙的时间，你不过是得到它一个短暂而无法分解的间隔；考虑一下被命运确定的那些东西，你也只是其中很小的一部分。

23. 其他人错待了你吗？那就让他自己去悔悟吧。他有自己的脾气和行为。如今我拥有宇宙的本性要求我拥有的品质，做我的本性要求我做的事情。

24. 不管是欢乐还是苦痛，请让你的灵魂中起指导和控制作用的部分免于被肉体活动搅扰；不要将肉体和灵魂混在一起，要限制肉体的行动，让那些感情只局限在肉体范围之内。然而你的身体是一个灵魂和肉体的整体，很难分割开，所以当那些感情通过身体中自然存在的其他同情呈现在心灵中的时候，请你一定不要拼尽力气去抗拒那种感觉，因为它是自然的；但需要留意的是，不要让你的支配力给那种感觉平添上或好或坏的看法。

25. 努力做一个和神明生活在一起的人吧！和神明生活在一起的人，他的灵魂对派发给他的东西总是感到满足并且时常向神明表明这种感受。他的灵魂也乐意做内心的神（那是宙斯作为他的保护和指导者而赐予每个人的自身的一份）期望他做的所有事情。这里所说的神明也就是每个人皆具备的理解力与理性。

26. 面对有狐臭或口臭的人你会生气吗？你如何妥善处理这种困扰呢？他有那样一个腋窝或那样一张口，很自然就会有那种气味。"可是他有理性，假如他用心想想就可以意识到他如何冒犯了他人。"——我希望你对自己的发现感到满意，因为你也是有理性的人，那么就请以你的理性来刺激他的理性能力，将他的错处指明并给他勉励与告诫。因为假如他愿意听，那么你便可以医治他，从而不必动气。

27. 宇宙的理性是为万物谋利，因此它为高等的事物创造出低等的事物，同时让它们相互适应。它使得事物高低有序，互助共荣，

每个事物都被分配有恰当的份额,并将高等和低等的事物结合在一起,使它们与最好的事物保持和谐。

28. 你一直是如何对待神明、父母、兄弟、妻子、儿女、亲戚、导师和友人的呢?你有勇气说直至今日,你确确实实从未对他们做过一件错误的事情,从未说过一句错误的话语吗?好好回想一下,你所亲身遇到的所有事情,承受的所有苦痛;你的整个人生如今已经完结,你所担负的责任已经终止,回想一下你曾经看到过多少漂亮的事物,轻蔑过多少欢乐与痛苦,拒绝过多少雄心和宏大的谋略,温和善良地对待过多少对你心存仇恨的平常人。

29. 假如你走正确的道路,依照正确的方法去思考和行事,那么你就能让自己活得十分安乐和舒服。神明的灵魂、人的灵魂和所有具备理性的动物的灵魂,都有两点共同之处:互相不妨碍,并且认可公正、施行公正,不因个人的欲望而逾越公正的界限。

卷六

灵魂处于一种状态和活动之中

1. 宇宙的本质是一意顺从的，控制着它的理性本身并无任何施恶的动机，因为它丝毫没有恶意，不会对任何事物施恶，也从不损害任何事物。一切事物全是依照这个理性创造并完善起来的。

2. 倘若你在努力履行着你的职责，那么不管是严寒饥饿还是温暖饱食、贪睡还是振作、被责备还是被称赞，不管是垂死还是做其他事情，都要使它们对你来说没有任何区别。因为这是我们赴死的途中必然经历的一个活动，因此在离开人世之前将我们眼前要做的事做好就可以了。

3. 由自己出面报复的最佳方式便是不要使自己变成一个作恶者。

4. 有时当你为环境所迫，烦闷苦恼、躁动不安时，请立即克制自己，别一直处于这种失衡状态。如果你能不断自省，就能更好地控制自己的情绪。

5. 当肉类这样的食物摆在我们面前的时候，我们通常会想：这是一条死去的鱼的身体，这是一只死去的鸟和一头死去的猪的身体，这饮料是一点葡萄汁，这件紫红袍是用蚬的血染红的羊毛衫。这些印象触到了事物本质，并贯穿了事物的底蕴，因此我们看清了

它们是什么。在生活中，我们也应该用相同的方式做所有事情，对于那些看上去最应该得到我们赞许的事物，我们应该将美化它们的一切言辞外衣全部剥掉，让它们赤裸，看到它们的本质。外表是理智的一个奇妙的曲解者，当你最相信你是在做值得为之努力的事情的时候，却是它欺骗你最严重的时候。不管怎么样，你应该再想想克拉蒂思对赞诺克拉蒂斯所说过的话。

6. 在这个世界上，有些事物不停地出现，其他一些事物却飞速消逝，而且就在刚刚出现的那些事物内部，其中有一部分也已经消亡了。恰如连续的时间过程一直更新着永久持续的时代一样，事物的运动和变化也一直在更新着这个世界。既然如此，在这个总是不断变化的湍流中，有什么飞逝而去的事物能得到人们的珍视呢？这种情况好比是一个人居然爱上一只飞过的鸟雀，但转瞬就见不到它了，人的每个生命活动都是如此，譬如消耗精力和呼吸空气。因为事情就是这样，恰如我们时刻做的那样，我们刚刚将空气吸进去，立即又将它呼出来。降生时你所获得的全部，到死时也终将尘归尘，土归土，回到自然中去。

7. 人们不称赞与自己同时代的，与自己一起生活的那些人，却很重视后世的人会怎样称颂自己，尽管那些人他们从来没有见过或永远不会见到。人们的这种行为真是奇怪啊！这种情况就如同你居然因为前人未称赞你而觉得哀伤、痛苦的情况一样可笑。

8. 如果在体育竞技过程中有个人的指甲将你的皮肤抓伤了，或是冲撞到你的头并将你碰伤，那么你应该不会神经质地认为他要杀害你，也不会由此猜疑他是一个弃信忘义的家伙；虽然你还是会防备，可不管怎样也不应妄加怀疑，将其视作自己的敌人，而应平静地避开。在生活中的其他方面，你也照此做吧，不要胡乱猜疑那些像竞技场上的对手似的人们。因为，不怀疑也不仇恨地将路让开，这是你能够做到的事情。

9. 我履行我的义务，不会因别的事物而烦忧，因为它们要么是无生命的，要么是无理性的，要么就是走上错误道路或者看不清道路的。

10. 如果不让人们用心追求他们认为合乎他们本性和有益的事物，那该多么残忍啊！然而在你因为他们施恶而烦忧的时候，还是会用某种方式不准许他们做这些事。他们之所以做这些事，的确是因为他们认为这些事合乎他们的本性且对他们有益，虽然他们这么想是错的。既然如此，就请对他们进行教育，平静地向他们说明他们的错误吧。

灵魂先于身体屈服是令人羞愧的事情

11. 在生活中，若在你的身体尚未屈服之时，你的灵魂先退缩了，那将是一件令人羞愧的事。

12. 我有身躯和灵魂两个部分。对于身躯来说，所有事物都是丝毫没有关联的，这是由于它无法与那些事物产生关联。然而对于心灵来说，只有那些不是其自身活动所产生的结果的事物才是没有关联的，而只要是它自身活动所产生的结果，就都在其控制范围之内。尽管这些事物与心灵有关，但也仅仅是现在，因为对于从前和将来的心灵活动，则又会马上变成与之丝毫没有关联的事物了。

13. 如果只让脚做脚的事情，手做手的事情，那么手脚的劳动就绝对不会背离本性。因此，对于一个人而言，只要他做的是人的工作，那么他的工作也绝对不会背离本性。倘若这个工作不背离其本性，那么它对这个人而言就一定不是坏事。

14. 亚细亚和欧罗巴只是宇宙的一角，全部海洋也只是宇宙中的一滴。阿陀斯山只是宇宙中的一小块土，所有现存的时间也只是永恒中的一点。所有事物皆是非常微小的，且如此易于变化，如此易于腐朽、灭亡。

所有事物皆来自宇宙，直接产生于宇宙的统治力量中，或是作为宇宙统治力量的后继物呈现。因此，那狮子张开的大嘴，那些有毒的物质和所有有害的东西，比如荆棘、烂泥，皆是灿烂和美丽的事物的副产品。因此，别将它们视作与你崇敬的事物不同的另一种性质的事物，要知道万物乃是同源。

15. 倘若你假设在你力量范围之外的事物对你是好的或是坏的，那么一定会出现这样的情况：假如一件坏事降临在你身上，或是你失去了一个好的事物，那么你会斥责神灵，对造成这不幸或损失的那些人怀恨在心，或是仇视那些被你怀疑是造成这一后果的人们；我们确实做了很多不合乎道义的事情，因为在这些事中我们做出好与坏的判断。可是假如我们只判断那在我们力量范围之内的事物是好或者坏的话，我们就不应该苛责神灵或者敌视他人了。

任何人都无法阻止你依照本性生活

16. 我们皆是为了实现一个目标而一起工作的人；我们中的一部分人是有意识、有认识、有经验的，而另外一部分人则是毫无目的的。我认为希拉克利特斯讲得很对，他说"人哪怕在睡觉时亦是工作的人"，即是说人是这个世界上所有正在进行中的事物的共同施行者。有的人与别人合力做这一件事情，有的人与别人合力做那一件事情，有的人就算是在埋怨，或者是在图谋阻止协作，或者打算进行破坏，那么他仍然称得上是在与人合作，这是因为宇宙亦需要一些这种类型的人。既然如此，你个人属于哪种类型的劳作者呢？这需由你个人来决定。那支配宇宙的神灵，不论在什么情况下都会正确地使用你，而且会在那些共同劳作者之中为你安排一个协作者的位置。然而需留意的是，你不可让自己扮演一个克利西波斯所提到的那种喜剧当中说滑稽台词的角色。

17. 假如神灵已经对我以及对必须发生在我身上的所有事情做好了决定，那他们的决定就是适当的，这是因为一个毫无远见和才智的神灵是不存在的，甚至都不容易想象到它的存在。而且他们怎么会存心伤害我呢？如果那么做，对他们自己和他们格外重视的普遍的善来说，又有何益处呢？可是假如他们对我自己并没有做出单

独的决定,那么他们起码也对整个宇宙的利益做出了决定;我也应当愉悦地接受并感到满足,而且尽量利用同整个宇宙的利益必定有关联的所有事物。可是假如他们完全没有做出过任何决定——这是一个非常不恭敬的看法,假如我们真的相信这一点,那么我们就没有必要再祭祀、再祈祷、再对他们发誓,也没有必要再做任何其他当我们生活在一起时,因为认可神灵而做的事情了。如果确实是这样,神灵既然不为我们做决定,那么我依然能为我个人做决定,因为我需为我个人的利益思考问题。只要是符合一个人自身的体格和品性的,皆是符合其自身的利益的;然而我自己的本性是理性和社会的:以我是安东耐诺斯而言,罗马就是我的城市和国家;可是以我是一个人而言,整个世界则是我的家,所以,对于世界有好处的事情,都是对我有好处的。

18. 不管每个人身上发生了什么事情,都是为了宇宙的利益——理解这一点可能就足够了。可是你应该进一步将其看作一个普遍真理。假如你这么做了,那么对于个人有用的东西,对别人也就是有用的了。不过，在这里要使"有用"这个词具有如日常中说中性的东西那样的意义，即不好也不坏。

19. 应时常这样去考虑：所有种类的人、所有工商业的人、所有民族的人，皆死去了，使得你的思想甚至重新回到腓力斯逊、菲伯斯、奥里更尼安时代，此刻，再将你的思想向别的种类的人传去。我们最终必定需经过一个界限，这界限是以前很多人都经过的；那里有很多使人感动的雄辩家，很多严肃认真的哲学家，比如希拉克利特斯、毕达哥拉斯、苏格拉底；有很多古代的英雄，很多跟随他们的将领，很多随后出现的暴虐的君王；另外，还有尤多克乌斯、希帕尔克斯、阿基米德以及别的一些天赋极高、胸怀宽广、热爱劳作、才华横溢和意志坚定的人，还有像曼尼波斯以及与他类似的那些嘲笑、讽刺人生短暂和易于毁灭的人。在想到所有这些人的时候，需思考一下他们全都早已经死去，化作尘烟。既然如此，这对他们会有何损失与损害呢，对没有任何名声的那些人又有何损失与损害呢？在人世间，唯独一件事情具有价值：即在真理和公正的道理下安静地度过你的整个人生，哪怕对撒谎的人与不公正的人也要抱有慈爱、和善的态度。

20. 在你计划投身快乐的时候，你可考虑一下你的同伴们的长处，比如这个人精力旺盛，那个人谦虚恭谨、彬彬有礼，另外一个人慷慨大方，还有一个人具有其他的优秀品质。当德行的榜样在与我们共同生活的人身上出现，同时尽其所能地展现在我们面前，便是最使人感到欢欣快乐的事情。所以，我们需要将这些印象永久地留在我们面前。

21. 在我看来，你并不会由于你的体重只有这么多磅或没有300

磅而感到痛苦烦恼，不是吗？既然如此，你为何还要为你仅可以活这么多年而非更长时间感到痛苦烦恼呢？恰如你对于可以获得的物质的份额感到满足一样，那么你也应该对分派给你的时间长度感到满足。

22. 我们应先尽力说服他们，即使众人都不同意，你还是应依照正义的原则所指明的那样去行事。假如有人使用暴力阻止你的话，你也需保持平静，不要气愤，而且需利用这次的阻碍来训练另一种美好高尚的品德，应牢记：你的意图是会受到环境局限的，你的目的本来就不是去做无法实现的事情。既然如此，你想做什么呢？你应去感受你曾经所感受到的那一个意图。假如在我们可以挑选的范围之内的事情已被做完了，那么在这个方面你的目的也就达到了。

23. 热衷名声的人将另一个人的行为视作有利于他自己的；热爱欢乐的人也将另一个人的行为视作有利于他自己的感官的；然而拥有理智的人则将他自己的行为视作有利于他自己的。

24. 如果不对一件事表达任何看法，那么就会让我们的灵魂免于被搅扰，这是我们凭借自身力量可以做到的事情，因为事物自身并没有强迫我们做出判断的力量。

25. 让自己养成细致倾听别人说话的习惯，努力走进倾诉者的内心世界。

26. 对蜂群不好的东西，也是对单个蜜蜂不好的。

27. 倘若水手谩骂舵手或病人谩骂医生，他们还能为了什么事？不就是舵手应该确保船上的人的安全、医生应该确保他所诊治的人的健康吗？

28. 同我一起来到这世界的人之中，如今有多少已辞别了尘世！

29. 本来味甜的蜜，在黄疸病者尝起来却是苦的；水会让狂犬病患者产生恐慌和畏惧；普通的一个球，在孩子们看来却是好东西。既然如此，我为何还要生气呢？难道你不觉得一个错误的意见与黄疸病患者体内的胆汁或狂犬病患者体内的毒素同样可怕吗？

30. 任何人都无法阻止你依照自己的本性去生活；在你身上不会发生任何背离宇宙理智本性的事情。

31. 既然如此，普通人期望奉承讨好的是怎样的人呢？奉承讨好他们的目的、方式又是什么呢？——思考一下所有这些事物的性质吧！时间已经如此快速地吞掉了这么多事物，它需要多快才能将所有这些事物吞掉啊！

卷七

你要自己站直，不要被人扶直

1. 恶是什么？恶是你习以为常的东西。不管发生什么事，你都应该记住：它是你习以为常的东西。在所有地方，你都能看到相同的事情。这些相同的事情天天上演，在遥远的过去如此，在有历史以来的时期如此，在我们所处的年代也是如此；在我们的日常生活中它也天天发生。没有什么东西是新的：万事万物都只是重复，并转瞬即逝。

2. 我们怎么能忘掉原则呢？除非原则所规定的东西失去意义。然而，使这些东西变得更加有意义应该是你力所能及的啊。无论对什么事情，我都可以保有自己应该保有的看法。如果我可以这样，我还苦恼什么呢？心外的东西与我的内心毫无瓜葛。明白了这一点，你必定可以坚强地挺立。你能有一个新的开始，只要你像以前那样重新看待事情，你的新生活的意义就在其中。

3. 没价值的展览，舞台上的演出，成群的牛羊，舞刀弄枪的表演，抛给小狗的一块骨头，扔在池塘里的一点面包，蚂蚁的劳动和运送，老鼠惊慌的狂奔，被线牵制的木偶……处于这种环境中时，保持平和而不是高傲才是你应该做的事。不管怎么说，每个人都有自己存在的意义,正如他所从事的工作也有存在的意义一样。

4. 要留心谈话的内容,要注意所做的事情。做事时应该首先明白这件事情可能带来的结果,而说话时则应该关注它的意义。

5. 我足以担当得起这个任务吗?若是可以,我姑且把它看作宇宙本性赐予的一个礼物,并在这一任务中运用它。如果我不足以担当,要么我不接受这一任务,叫那些更有能力的人来接手(唯一例外的情形是有特殊原因使这种做法显得不当);要么我尽自己的最大努力,同时接受有能力的人的协助——他能在我的指导下做目前合适的,而且对社会有益的事情。不管是我一个人还是我和别人一起完成的任务,都必须是那些完全合适且有益于社会的事情。

6. 很多人曾被盛名围绕,但最终被记忆抛弃,很多人对盛名之士加以吹捧,最后这些吹捧之人也离开了人世。

7. 不要羞于接受别人的帮助,战士在攻城略地时要履行自己的职责,你也是如此。既然这样,如果你因为身体的残疾不能独自上战场,而在接受别人的帮助后就可以办到的话,你要怎么做呢?

8. 不要为没有发生的事情烦恼,如果它是注定要发生的,你要像此刻对待现在的事情一样,怀着同样的理性迎接它们。

9. 事物处于普遍联系之中,这一联系是崇高的。所有的事物都与其他事物产生联系。正是因为事物都是普遍联系的,所以它们组合起来就构成了同一个世界。在由全部事物构成的世界里,有一个遍及全部事物的神,一个本质,一种法则,一种共有的理性,一个真理——即一种本原,有一个至善至美的境界。

10. 所有可触的事物很快就会随实体一起消逝,所有外在的事物不久也要回归于宇宙的理性,关于这些事物的记忆用不了多长时间

也会被时间吞噬。

11. 遵循本性和遵循理智对于有理智的动物来说是一致的。

12. 你要自己站直,而不要被人扶直。

13. 正如四肢和躯干合成一个有机体一样,各个分散的理性存在也构成了一个统一体。一个个有理性的人可以说是为了协作而存在的。如果你认为自己是人们有组织的整体中的一员（melos）,那么你对于这一原理就有了较深刻的认识。但如果换了一个字母r,你认为自己只是整体的一部分（meros）,那么你还不能算真正地热爱人类,你做善事只是为了尽自己的义务,并不是出于利人即是利己的信念。

14. 外界的任何事物,倘若情愿,只管降临到可以感受到其作用的各个部分上去吧。被降临的各个部分,倘若它乐意,也只管发出抱怨声好了。然而我,只要我不觉得降临到我自身上面的是恶,我就不会觉得受到损害,而是否这样认为完全取决于我。

15. 无论其他人怎么做，怎么说，我还是要保留我的善。正如黄金、绿宝石或是紫袍常说的：无论其他人怎么做，怎么说，我还是我，色彩依旧。

16. 理性并不搅扰自己，换句话说，它不会令自己沉湎于欲望。若有其他人能给自己带来恐惧或苦痛的话，就随他去吧。因为理性本身绝不会受此影响。

如果可以的话，肉体能使自己免受苦痛，若是它真的遭受了苦痛，它可以显露出来。而能感受恐惧和苦痛，并能判断它们存在的灵魂，却完全不会受到伤害，因为灵魂不会认为自己受到了伤害。

理性的灵魂并无所求，除非它自己创造需要。同样的，它不被搅扰，不被阻拦，除非它自己搅扰自己，自己给自己制造障碍。

17. 幸福就是好的福分，亦可以说是好的理性。天呐！幻想，你正在这儿干什么？我以神灵之名立誓，请你离开此地，返回你原先的地方，因为我不缺少你，不想拥有你！然而你依照你积久养成的生活方式又重新来临了。我对你其实并没有偏见，仅是请你从我身边离去！

18. 变化值得人害怕吗？如果没有变化还存在些什么呢？如果没有变化，我们怎么能更接近宇宙的本质呢？木柴不燃烧你有热水洗澡吗？食物不经过处理你可以吸收其中的养分吗？不经历变化，会有那些有用的东西吗？要知道，变化之于宇宙的本质，之于你都是必要的。

19. 全部的事物都被引领着穿过宇宙实体，正如穿过一道湍流，它们按照天性统一于整体，互相协作，正如人身体的各个部位的统一与协作。

已有无数个克里西普、苏格拉底和爱比克泰德被淹没在时间的长河里。就让自己以这样的观点来对待所有的人和事吧。

20. 让我烦恼与惶恐的只有这件事：做出人性所不准许的事情，或者采用它不允许的方式，或者做事的时机不恰当。

21. 很快你就会遗忘一切，而其他人也会很快遗忘你。

22. 连那些做错事的同伴也爱，这是人所独有的品质。只要想到这些同伴是自己的手足，他们做错事只是因为愚昧和不小心，而所有的人过不了多久都要离开人世，你便会以爱包容他们。更重要的是，这些同伴并没有带来什么危害，因为你的支配力并未因为他们而有所减弱。

用最好的方式度过此生

23. 宇宙里的物体对于宇宙的本质来说，就好像蜡这种实体被用来雕出一匹马，然后被打破，又用它做了一棵树，接着又是一个人

像，之后又做成其他的事物。所有这些事物都只在短时期内存在。就像容器被打破和被铸成型一样，并没有什么值得惊叹的。

24. 自然规律主宰着宇宙，它将使所有你看到的东西发生变化，而别的东西从各自的实体中衍生出来，然后它们又被改造为其他东西，宇宙因此亘古常新。

25. 愁眉苦脸的神情是不符合自然之美的，愁容常在的结果必将是全部的美都开始消散，最终无影无踪，无法再重新拥有。

26. 当你遭受别人错误的对待时，赶紧想想他是怀着怎样的对错观做错事的。一旦你了解了他的对错观，你将同情他，而不会对他的行为感到不解，也不会动怒。你可能会觉得你们的对错观相同，或者差不多，这样的话，原谅他就是理所当然的了。若是你觉得这些事本身无所谓对错，那么你会更乐意宽恕及善待那些犯错的人。

27. 不要总是念念不忘那些自己尚未得到的东西，并对它想入非非，而应该多想想自己已经拥有的最好的事物，想象一下，如果你尚未拥有它们，此刻你该多么渴望得到它们啊！与此同时，一定要记得，你还没有喜欢它们到无法自拔，以至于一想到失去它们就焦躁不安的地步。

28. 回归自我。理性的准则就是对自己符合人性的行为及其带来的平和感到满足。

29. 遣走空想。不要被它们牵制。让自己关注当下。努力了解发生在自己或是旁人身上的事件，把所有东西都归为形式的和本质的。想想你去世时会怎样。因此不必过多计较别人犯下的错。

30. 仔细倾听别人的话。细致观察正在发生的事，琢磨它的前因后果。

31. 要用纯朴谦逊的精神及对与善恶无关的东西的淡漠态度来修饰自己。热爱人类，追随神明。哲人曾说："法统领万物。"只要记住这一点就够了。

32. 有关死亡：它可能是原子的分散，也可能是整体的毁灭或形态的变化。

33. 有关痛楚：无法忍耐的痛楚会夺走我们的生命，而持久延续的痛楚却是可以忍耐的；灵魂可以通过回归自我，维持自身的恬静，理性也不会因痛楚而受损。至于被痛楚伤害的肉体，如果它们有能力，就让它们表达自己的意见吧。

34. 有关名誉：观察那些寻求名誉的人的内心世界，看看他们是怎样的人，他们憎恶什么，又追求什么。要牢记，沙子不断堆积，渐渐掩盖了先前的颗粒，生活中也是如此——后来者很快便会埋没先到者。

35. 引自柏拉图："你认为一个灵魂高尚，参透时间和万物的人，会觉得人的生命是极不平凡的吗？'不会！'他说。他会认为死是可怕、可恶的吗？断然不会！"

36. 引自安提斯坦尼："做好事，背恶名，这就是皇帝的命运。"

37. 容颜由灵魂支配，由灵魂调整它的形象和气色，而对于灵魂而言，如果它不能使自己变得平和，是令人羞愧的。

38. 被外物困扰是不对的，事实上，它们与你毫不相干。

39. 追随那永恒的神灵吧，这将使我们快乐。

40. 就像成熟的麦子需要收割一样，有人出生，有人死亡是生命的常态。

41. 若是神明不庇佑我和我的孩子，它必有它自己的理由。

42. 因为善与我同行，公理与我同行。

43. 不要随别人一同哭泣，不要怀有过分激烈的情感。

44. 引自柏拉图："如果你觉得一个有价值的人应该计较生死，而不关注他所做的事情是否正当、仁慈，那么，我可以告诉你：你错了。"

45. 我的朋友们，想一想那些高尚和美的事物是不是与救赎和被救赎是不一样的事物；因为对于一个纯粹的人而言，他是不是不应该在乎生命的长短，不贪恋生命，而把这一切委托给神，同时坚信命运女神的话：任何人都无法摆脱命运。然后认真考虑：他怎样才能够以最好的方式度过有生之年。

46. 环顾星球的运转，就好像是你在和它们一起运转，经常思索

宇宙元素的变化，因为这种思维将会涤除俗世生活的尘埃。

47. 柏拉图有一个很不错的观点：议论人事的人，应该从更高的层面俯瞰一切，应该体察人们的集会、军队、农事、家庭、生老病死、法庭的争论、穷乡僻壤、蛮夷之族、宴请、悲痛、集市等所有事项的糅合及其之间的关系。

48. 回望过去的政治、朝代所发生的剧变，你就能预想将要发生的事情，因为它们肯定有着相同的形式，它们只会沿着目前事物的轨道运行，所以你可以想象，四十年和一万年后的地球生活是相同的。

49. 生于泥土的要归于尘埃，从天上降生的终会返回天上。这或者是汇集的原子的分解，或者是无知无觉的元素的散失，意义都差不多。

50. 有的人可能很擅长摔倒自己的敌手，但是他可能并没有更友好、更谦逊，或者更灵活善变，更包容地对待身边犯错的人。

51. 凡是按照神和人的理性去完成的事情，就没有什么可担忧的。因为我们遵循规律做事，满足自己，所以我们一定会有所收获，不会受到伤害。

52. 不管处于什么场所，如下的都应该是你力所能及的：真诚地接受你的现状；公平地看待你四周的人；尽力使自己目前的思维完备，小心地维护自己的意念，以免受到不切实际的想法的影响。

53. 别四处环视以试图观察到他人行事的指导准则，应直接留意和指导自己的天性，仔细透过那些发生在你身上的事，观察其显露出来的宇宙天性和你自己的天性。所有的理性动物都应该做符合自己本性的事情，任何其他事物都是为了服务于理性动物而被安排的，正如低等事物是为了高等事物而存在一样，而理性动物则是为了自己而存在。

既然如此，在人性中，最重要的原则就是人与人之间的义务，其次就是不被肉体的诱惑所征服。因为躯体是有理性的人限定自身范围的特定工具，人不能屈服于感官或欲望，因为它们都是动物性的，而理性活动是崇高的，不能让别的东西支配理性本身。理性生来就是为了掌控感官、欲望等一切事物，所以要维持完备的理性。第三个原则是摆脱错误和诡计。因此，我们要紧紧掌握这些原则，勇敢正直地前行，之后它就会发挥自己的作用。

痛苦对于心灵是无害的

54. 身体应该是整齐有序的，不应该在行事或态度上表现出无规律性。因为心灵的理智和礼貌不仅仅是通过脸呈现出来，还必须在身体的整个形态上体现出来。然而所有这些都必须发于自然，千万不能勉强。

55. 享受发生在自己身上的事情，这是为你纺的命运之线，没有什么比这更合适你了。

56. 直面出现的所有事情。想想那些在他们身上发生过相同事情的人，他们也曾因此无限烦恼，认为这些事情是古怪的，并去抱怨它们，可是现在这些人在哪呢？他们已经毫无踪迹了。你还打算以相同的方法处理吗？何不把这些与人的天性相去甚远的焦灼扔给那些引发它们且被它们掌控的人呢？何不全心全意地使正在发生的事步入正途呢？更好地运用它们，它们便会为你的工作提供帮助。要时刻注意并牢记，你所做的所有事情都要尽量完美，最重要的是要

关注你所有行为的目的。

57. 审视内心。善源自内心,挖掘善的源泉,善将源源不断地涌现。

58. 应假定你如今已死去,整个生命已完结,从这以后剩下的时间仅被视为你生命的继续,那么你应依照自然的规律继续生活。

59. 生活的艺术接近于角斗士的艺术甚于接近于舞蹈者的艺术,因为它应该坚强地挺立,预备应付突然袭击。

60. 时刻注意你盼望得到其赞许的那些人,留意他们都掌握哪些操作准则。这样做的话,你就不会责备那些不小心冲撞你的人。如果你弄清了他们的看法和品位的根源的话,也就不会想让这些人也赞许你了。

61. 柏拉图曾说,每个人都是不得已才偏离真理的,同理,人们背弃公理、克制、仁慈和其他美德也是不得已的。很有必要把这句话铭记于心，因为如此一来，你对他人将更和善。

62. 无论面临什么痛苦你都要这样想：痛苦中并无屈辱，它也不会让主宰自己的理智变得糟糕，因为痛苦并不会影响自己的理性和理智的社会性。当你觉得非常痛苦时，确实能用伊壁鸠鲁的这种说法来拯救自己：痛苦并非是无法忍耐或永久延续的，你只需牢记它也有自己的临界点，不要沉溺于幻想，从而把痛苦无限放大。也请记住，可能我们还没有发现，我们把很多使自己不高兴的事情也认定为痛苦，比如犯困、炎热和没有胃口。一旦自己对这些事情感到不满时，就自言是在经受痛苦。

63. 须知，对冷酷之士，不要像他们看待别人一样看待他们。

64. 在灵魂的极度安宁中排除一切重负是你力所能及的，就算整个世界都在叫嚣着否决你；就算野兽把你身上的皮肉一块块撕个粉碎。因为这一切都不能使你的灵魂丧失宁静和准确的判断力。你的灵魂仍能支配它原来所能支配的东西；你依然能够不受其他人的想法的干扰，对所遭遇的事情做出准确的判断；你依然能明辨你所需的供你支配的事物。在你身边的事物，都是为理性和这个社会服务的材料。简单地说，它们都是人或神所用的材料。因为周围发生的一切都与人或神的关系密切，所以它们并不是新奇的或难以处理的，反而都是人们熟知且容易应付的。

65. 道德品性的完善在于坚持这些：过每一天就好像它是最后一天一样，对刺激不做出过分激烈的反应，也不薄情寡义或者伪善。

66. 永恒的神在这么长的时间里一直不停地忍耐这样多的坏人，不但不会苦恼，而且还从多方面对他们进行关怀。而必定活不了多长时间的你，难道已经厌烦了忍耐坏人吗？还是说你也是坏人中的一个?

67. 我们从何得知苏格拉底的品德优于泰格拉斯的呢？如下这些是不足以得出结论的：苏格拉底以一种更崇高的方式死去；与智者争辩时更巧妙；更能忍受冰冷的冬夜；当别人命令他去逮捕萨拉米的莱昂时，他以一种高尚的方式回绝了；他昂首挺胸，阔步走过马路——虽然这些事实很有可能会受到人们的质疑。我们应该观察到的是：苏格拉底的灵魂是怎样的。他能满足于公平地看待人类及虔诚地对待神明，对于人们的过错不表示愤慨，且不让自己屈服于人类的愚昧，不认为发生在自己身上的事情是不可理喻的，也不认为这些事情是无法忍受的重负，不允许自己的理性被肉体的感官欲望搅扰。

68. 对一个人而言，他努力避免自己的恶是确实可以做到的；而令别人免除自己的恶是不可能的；宽以待己而严以待人是可笑之至的。

69. 只要是你利用理性和群性的才能所找到的"不符合理性也不符合群性的不论什么事物",理性和群性必定会以为那事物不符合它自身的衡量准则。

70. 当你做了善事,有人因此获益,你何苦还傻傻地追求除此之外的东西——获得好名誉或是得到报答呢?

71. 没有人厌烦收获有益的事物,而遵照天性做事本身就是有益的。既然这样,我们就不要厌烦去做那些利人利己的事吧。

72. 宇宙的理性创造出来一个宇宙;然而如今所有产生的事物,如果不是全部依自然的因果关系而产生的,那么就连那些由宇宙的理性亲自管理过的、最为重要的事物亦是丝毫没有理性的。倘若记下这点,那么在遭遇到很多非常坏的事物的时候,你就能在心理上拥有更多的安宁。

卷八

专注于当前的事物

1. "专注于当前事物"这一反思也有利于消除对于虚名的渴望。你整个一生或是成年后像一个哲学家一样生活是你左右不了的，因为其他人和你自己都明白你离真正的哲学很远。你的生活一片混乱，使你很难去追求一个哲学家的美名，你的生活计划也不赞成你这样做。但如果你确实拥有能发现真理的眼睛，就不用理会别人对你的看法，只需按自己的意愿度过此生。你必须清楚地明白自己的愿望到底是什么，不要受到其他事物的干扰。你曾经迷失，曾经活得浑浑噩噩，你要吸取经验教训。生活的真谛是什么呢？是三段论，还是钱财、名声或享乐？生活的真谛存在于我们从事我们所追求的事情的过程中。我们做事的目的和我们的行为都应本着善与恶的原则。善使人变得公正、节制、仁爱、勇敢及自由，而恶则与此相反。

2. 我们在做每件事时都扪心自问："这件事会对我产生怎样的影响？我会不会后悔？"可是，我们的生命并不长，死后一切成空。那么，只要我当前所从事的是遵循神的法则的、合乎理性的、具有社会性的工作，我就应该别无他求了。

3. 从戴奥真尼斯、希拉克利特斯和苏格拉底的观点来看，亚历山大、恺撒和庞贝算是什么成功的大人物呢？虽说他们认识到了事物的表象和本质，他们也具有自己的逻辑和理性，可是外在的影响呢？他们都成了外物的奴隶！

4. 无论你如何暴怒，他们依然我行我素。

5. 最主要的是，我们自己不要烦恼，因为一切惹人烦恼的事物也符合自然规律，而我们的生命将很快消逝，就像哈德良和奥古斯都。其次，我们处理事情之前，一定要先深入观察，认清其本质，同时记住你有责任做一个好人，无论人性要求你做什么，你都不打折扣地完成。我们也必须审慎自己的言语，做到恰当、谦逊及真诚。

6. 把东西从这个世界带走，做个变换，这是这个世界的自然规律。宇宙中的所有事物表现出来的都是变换过程中的一面，我们无须惧怕新事物的出现。因为一切事物都是旧的，都在遵循这个自然规律发生变换。

7. 你无法求学，但也不能妄为；你能超脱世俗的欢乐与痛苦；你能战胜爱慕虚荣的心；对于蠢人和无义之人，你能压抑怒气，甚至善待他们。

8. 事物的本性如果发展顺利，就应该感到满足，人性也是这样。如果说它反对虚假及不明确的东西，没有完全私人的动机，只对自己所能支配的事物有好恶，欣然接受自己的所有，那么这样的人性便是发展顺利的。这样有理性的人性是整个宇宙规律的一部分，就好比树叶的本性属于树的本性，但二者也有区别：树叶的本性属于无理性和感觉的本性，容易受到外界的影响；而人性则是不易受挫的，是拥有理性且公正的自然规律的一部分。理性的自然规律是公平地分给每个人的，每人都有其应得的时间、内在性质、外在表现、行动力及环境。你要关注的不是在每种情况下每件东西是否相当，而是要将组成此事物的所有部分与组成彼事物的所有部分进行比较。

9. 悔恨是因为忽略了某件有益的事物而产生的自责。而"善"一定是有益的事物，所以真正的不断行善的好人是不会忽略有益的事物的，所以也就不会悔恨。但一个完美的好人不会后悔拒绝肉体的快乐，因为我们不能忽略这个概念——快乐不能被单纯地划为善和有益的事物。

10. 简单地说，每一样事物都由以下几个要素构成：本质、形式、存在的作用或意义以及能够存在的时间长短。

11. 当你懒得起床时，你应该这样想：恪尽职守是自己的分内事，是符合人性的特有的品性；而睡觉则是不具备理性的动物和人都有的行为。因此符合人性的特有的品质能给人更多的愉悦感。

12. 我们遇到任何人，要首先考虑这个人对善恶的看法。这样一来，在这个人发表关于快乐与痛苦、美誉和恶名、生与死的见解的时候，我们就不会大惊小怪；在这个人表现出此类行为时我们也会理解：他这样做是符合他的观点的。

13. 如果可能的话，我们要在任何情况下，用物理学、伦理学和辩证的观念对待我们的灵魂接触到的每一事物。

14. 每一样事物，无论是一匹马或一株葡萄，都有其存在的价值。这没有什么可奇怪的，太阳神也说："我存在是为了做我的工作。"其他的神也是一样。那你存在是为了什么呢？为了享乐吗？当然不是。

15. 记住，改变观点和接受其他人的指正，并不算真正意义上的违背自由意志。因为只有自己才能下定决心，努力使自己的行为符合自己的动机、判断和思想智慧。

16. 如果你有能力去做某事,为什么不做呢?如果它处在别人的能力范围内,你会责怪谁呢?责怪微小的原子还是伟大的天神?没必要责怪任何人,责怪任何人都是荒唐的行为。因为如果你有能力,那就从根本上去纠正错误;如果办不到,埋怨有什么用呢?没有用的事情不该做。

17. 死去的东西都没有被丢弃——它仍然在宇宙之中,只不过是经过改变,化为了它最初的成分,即宇宙的元素,也是你自己的元素。是的,这些元素都在无怨无悔地发生变化。

18. 请牢记!看到无花果树上结无花果而感到惊讶是荒唐的表现;看到宇宙中出现了奇特的现象而大惊小怪也同样荒唐。就像一个医生看到病人发热或一个舵手看到刮起逆风而感到惊讶一样,都是荒唐的。

19. 不要让人听到你还在抱怨宫廷生活的痛苦。不，也不应该让自己听见。

20. 任何一样事物，有起始，有延续，也有终结，这都包括在自然发展的规律当中，就像一个人抛出一个球。球被抛起来，有什么益处？球往下落，最后落到地面，又有什么害处？又比如一个水泡，结成水泡有什么好处？水泡破碎又有什么有害的吗？灯火亦同理。

21. 看看自己的身体，它是什么样子？等到我们老了，病了，死了，身体又是什么样子呢？

在这个世界上，赞美者与被赞美者，怀念者与被怀念者，都只能存在很短的时间，只能占有这个世界极小的一部分，甚至在这部分中所有人的意见并非都一致，相对而言，整个世界也就只是一个点。

22. 专注于当前的事物，无论它是一个行为，或是一个原则，或是一种意义。如果你不愿这样做，而只愿把事情拖到明天，那你活该受到报应。

23. 我希望我正在做的事情是有利于广大人民的。我所遭遇的事情我也都能接受，因为那是神的旨意，是符合宇宙万物规律的。

24. 想一想沐浴时的情况：油垢、汗水、污垢、脏水，都是让人恶心的东西——生命的每一部分和万物皆是如此。

25. 生命短暂，那些智者和名人都早已逝去！有些死后不久即被人遗忘，有的成了传说中的人物，还有的在故事中根本没被提及。所以我们要常常想，肉体是一定会消逝的，生命终会结束，一定会加入宇宙的物质变换中。

26. 一个人在做真正符合人性的事情时，是会获得快乐的。符合人性的事情就是——善待同类，禁欲，准确判断模糊的事物和概念，完整而细致地观察宇宙及自然界发生的一切。

谦逊地接纳，坚决地舍弃

27. 你有三种联系：一是你与你自己的身体的联系；二是你与主宰万物的宇宙自然规律之间的联系；三是你与和你一同生活的其他人之间的联系。

28. 苦痛对于肉体来说是"恶"的——所以肉体会诅咒苦痛。苦痛对于灵魂也是一种恶，但灵魂却能保持平和，不认为苦痛是罪恶。因为任何一种意念、动机、欲望和厌恶之情都是发自内心，而不是由外界进入的。

29. 摒弃所有的妄想，要时时提醒自己："我可以让我的灵魂不受邪念、欲望或其他事物的烦扰；而我既然可以看清事物的本质，那我就应该恰当地处理每件事。"我们要记得自然赐予我们的这种力量。

30. 在元老院，或对任何人说话时，都要做到得体、不做作、坦诚、简洁。

31. 奥古斯都的妻子、儿女、祖先、姐妹、军政大臣、族人、家人、朋友、哲学家、顾问、医生和占卜师以及整个宫廷的人都死了！再看看庞贝一家，不仅仅是个人的死亡，更是整个家族的灭亡。那个墓志铭所写的"全族最后一人"——想想看，这个人的先人原先是多么希望留下后代呀，而最终必然会有这个家族的最后一人死去——这就是整个家族的毁灭！

32. 你要用一个一个的举止行为来构建自己的生活，而且假如每一个举止行为皆可以尽可能地完成自己的任务，那么你就应感到满足。无人可以阻挠你的举止行为去完成它自身的任务。"然而，若出现一些来自外界的阻碍呢？"你合理、认真、聪慧的举止行为不会遭受一点来自外界的阻碍。"然而如果是除此之外的举止行为受到了阻碍呢？"那就心甘情愿地承受它吧，同时，要随机应变地改做别的、与构建自己的生活相符的事情。

33. 要谦逊地接纳财富和好运，同时又做好随时放弃的准备。

34. 你曾经看到过砍手砍脚，或者脑袋被从身体上砍下来，身首分离的场景。如果一个人对自己承受的所有事情都感到不满意，或是自行了断，或是举止行为乖悖违戾、落落难合，那他也正在同样最大限度地摧残、虐待自己。你本来属于自然的一个部分，但是如今你割舍了自己，于是你成为一定场合里与自然分离的个体。然而此处有一个深奥微妙的条件，使你可以重新返回你的整体。而所有别的部分，只要被分离开，上天皆不会再允许它返回。是啊，上天是如此仁爱慈善，他让人类变得这样端庄而有威严！他让人类拥有能永远与整体在一起的力量，假如与整体分离了，还能返回并同别的部分连成一体，重回自己的位置，且仍是整体的一个部分。

35. 潘姬娴如今依然守护在她丈夫维勒斯的坟墓旁吗？还是维勒斯宠爱的奴仆波加摩斯在那里守护？卡布利阿斯这个曾深受哈德良宠爱的奴仆或者戴奥提摩斯如今依然守护在哈德良的坟墓旁吗？真是荒唐的看法！然而倘若真是如此又能怎样呢？假如他们始终坐在坟墓旁等候至今，死去的人会得知吗？假如能够得知，死去的人会因为这个而感到愉快吗？假如死去的人感到愉快，悼念死者的人会

因为这个而生命长存、永不死亡吗?这些人终究还是会与其他人一样,根据命运预先的决定,变为老头子、老婆子并最终死亡!他们死亡以后,他们所悼念的那些人又会如何呢?全部皆是一个腐臭的皮囊包裹着一摊脓水罢了。

36. 任何理性动物都被宇宙本性赐予了全部的能耐,我们因此也具备这项专长:那就是既然宇宙的自然可以将所遭遇的一切障碍化为有用的东西,让它们在注定的事物中也占有一席之地,变成宇宙的一个部分;那么,具备理性的动物也就可以让所有障碍变得于己有益并加以运用。

37. 不可被想象里的描绘了完整的一生的一张图画吓坏,不可凭空想象还有多少痛苦烦恼在等待着你。在处理每件事情的时候都需自问:"在这个过程中到底有哪些是让我不能忍受的呢?"你找到答案的时候会感到十分羞愧的。另外还需再次提醒你自己,令你感到有压力和责任的,并非过去,也非将来,而是现在。假如你单独考虑现在的事情,与此同时扪心自问,为什么连这一点点烦闷苦恼都无法忍受呢?如果你能学会忍受,那你的痛苦就会最大限度地减少。

38. 你的眼光敏锐吗?如果是,那就像哲人说的——"永远明智地善用它"吧。

39. 但凡有理性的动物,其美好高尚的品德均不会与公正相悖,然而有一种美好高尚的品德——克制欲望，则是有悖于享受安乐的。

40. 把你关于"想象中的痛苦"的所有想法消灭，你自身便能享有完全的安定与宁静。何为"你自己"？是理性，然而"我"并非理性，暂且认为它是这样的。不管怎样，不可让理性令自己痛苦，然而假如你的别的部分有了问题，那就令它自我反省去吧。

41. 对兽性而言，感官上的毛病就是一种欠缺，欲念上的毛病也是如此。同理，植物也有一些毛病，对于其自身也是一种欠缺。因此，对于有智力的人而言，"认识上的障碍"亦是一种欠缺；在你自己身上同样可以运用这个道理。痛苦或者欢乐，是否在控制着你呢？让你的感官去观察吧。你是不是在尽力做一件事情时遇到了阻碍？对于你这样的理性动物来说，假如你的努力是希望这件事情不附带任何条件地成为事实，那么它的失败马上就会成为一种欠缺了。然而假如你接受这广泛的限定，你便仍未受到损失，甚至未受到阻碍。说实话，无人可以阻挡你的心愿，这是由于火、钢、暴虐的君主、诽谤或其他东西，皆不可触动到它："一个圆物，从它形成开始，就永久是圆的。"

42. 假如我让自己感到痛苦，那是不合适的，因为我从未存心让其他人感到痛苦过。

把握现在

43. 一个事物令一个人感到快乐，另一个事物令另一个人感到快乐。在我，这就是值得欣慰的事情：即可以维持我的处于支配地位的理性，正视别人和他所遭受的全部事情，用慈爱与怜悯的眼神看待所有事物，接纳其自身所拥有的价值，根据其价值使用每一个事物。

44. 把握现在。想要名垂后世的人，不知道未来的人们与自己现在无法忍受的人们其实是一样的，都是普通人。若将来死的人说出这样那样的话，或者对你抱有这样那样的看法，和你又有什么关系呢？

45. 你可以将我提起来任意丢到别的地方。在那里我的本性还会是宁静的，换句话说，依然保持优游自在——只要我的本性在其自身和其活动中，依然可以遵循它本来具有的准则运转。

就因为换了个位置，我的内心就非常不安，降低自我、匍匐、惊慌失措、崩溃、惶恐，至于吗？有何事情至于让它如此呢？

46. 人类不可能经历任何人性避免不了的事情，就像一头牛不可能经历任何它避免不了的事情，一株葡萄不可能经历任何它避免不了的事情，一块石头不可能经历任何它避免不了的事情一样。因此，若经历的只是一些正常的且是习以为常的事情，有什么值得哀痛、忧伤的呢？宇宙自然不会使让你无法忍耐的事情发生在你身上。

47. 当你苦恼于外来的阻碍时，搅扰你的并非是那一件事情本身，而是你对此事的看法——这个看法，你可以立即让它消失掉。然而，若是你的性格中有些特质让自己感到苦恼，谁会阻止你去改变那个应负责的观念呢？同理，若是你因为没有做该做的事情而感到苦恼，那就尽力去做啊，苦恼有什么用？"可是，路上有只狮子啊！"如若是这样，没有做就不是你的问题了，你也用不着苦恼。"但是若不做这件事，生命就没有意义了。"那就泰然地死去吧，和万事了结的人一样,同时丝毫没有怨恨、心甘情愿地接受那些障碍。

48. 要一直牢记:当起支配作用的理性处于收聚中且圆满自足时,它是刚强无敌的,它不会做它不想做的事情。而且当它对一件事情能做出有依据的推断时,它就会变得更加刚强。因此,不受感情支配的灵魂,就像一个坚硬的营垒,难攻易守,没有比它更适合人躲藏的了。未找到这个营垒的人是愚蠢的,找到了而不躲藏进去的人则是悲哀的。

49. 除了由第一印象所得出的结论外,用不着再告诉自己别的什么。假设有人告诉你,谁谁谁在恶意地说你;确实有人对你说这些了,然而如果他并未告诉你,你有什么损害?我发现自己的孩子患病了——我确实发现他病了,然而我还没看出他有什么危险。总是维持第一印象,不在心里做增补,这样的话,你就不会遭受任何不幸运的事情。但是,还需加上这一点:即便出现什么意料之外的事情,也皆是你所熟知的。

50. "这是一根苦黄瓜。"把它扔了。"这条道上长满了荆棘。"绕开它走。这样就可以了,不要还想着问:"为什么它会存在?"因为通晓自然准则的人会嘲笑你的。就像你跑去诘问木匠

或是鞋匠，为何他们的铺子里有木屑或是碎小的皮革，他们也会笑话你的。他们有丢弃那些木屑或是碎小皮革的地方，而宇宙在自身之外却并无空间，但是它的巧妙也正在这里，尽管宇宙自身是有局限的，然而处于其中的所有老朽的东西皆可以变回先前的元素，然后经过二度创造，变成崭新的东西。这足够证明宇宙自然只需要自身，而不用开辟一个专门存放垃圾的空间。它只需要自身的空间，自身的物质，自身天生的技艺。

51. 行动不能慢吞吞；讲话不能没头绪；思维不能不清楚；灵魂不能一心扑在自己身上，不能放任它兴奋，也不能在生活中太过忙碌以至没时间休息。

"他们屠杀我们，他们分割我们，他们咒骂我们！"这会对你的心灵造成伤害，令它无法保持纯真、健康、理智和公正吗？想象一下，一个人站在清澈的泉水边谩骂，清凉的泉水还是会潺潺流出。把泥土，甚至污秽之物扔进去，泉水也能非常迅速地把它们冲走，而自己丝毫不会被玷污。你如何才可以有一个永远不会枯竭的源泉，而不单只是一口井呢？记住，每时每刻都要谨慎地引领自己步入自由的天地，同时别忘了仁慈、质朴和谦逊。

52. 那些不明白宇宙是什么的人，就不能清楚自己身在何方。不明白宇宙为何存在的人，就不能清楚自己是谁，也不清楚宇宙是什么，而且这样的人也一定不知道自己存在的意义。那些给予弄不清自己是谁或是不清楚自己身在何方的人们的赞扬，还有那些想着有所寻求或是逃避的人，我们要怎么看待呢？

53. 如果有一个人，一小时内把自己骂了三次，你还打算接受他的赞扬吗？假若一个人对自己的一切都感到不满，你还期望他会对你中意吗?一个人对他做的几乎所有的事情都感到悔恨,他还会有自我满足感吗?

54. 别再因呼吸可以与大气一致就感到知足,从现在起,要在思想上与"覆盖万物的理性"气息相通,因这一理性是无所不在的,它四处赐予那些能接纳它的人,就像空气由呼吸的人自由受用那样。

55. 从整体上来看,恶不会给宇宙带来损害;单个人的恶也不会给别人带来损害;他只损害这样的人,即只要这个人乐意,他就能马上从恶中摆脱出来的人。

56. 旁人的自由意志对我的自由意志来说无足轻重,就像他的呼吸和躯体对我来说无足轻重一样。虽然人天生是相互依赖的,但我们的理性却只能是自己的主人,不然的话,旁人的恶将会成为我的恶——这并非神的旨意,神并未让其他人来决定我的厄运。

57. 阳光似乎在往四处散射,然而它并未将自己散射殆尽,因为它的放射乃是一种向外的伸展。因此在希腊文中,阳光即是舒展的意思,因为它是在空间里的舒展。你能很轻松地观察出光线是何物。仔细观察:阳光从一处缝隙里照进一间

黑暗无光的房间，顺着一缕直线前进，直到一个固体物件使它受到阻碍；然后它留在那儿，不拐弯，也不下沉。人灵魂的照射也是如此，它不是把自己挥发殆尽，而是使自身得到拓展，无论碰到什么障碍物，都不会留下猛烈撞击的痕迹，自身也不会碎裂，仍是牢固地挺立，而且还可以使这一障碍物明亮。至于不接受阳光照射的事物，那是它自动错失了阳光照耀自己的机会。

58. 对死亡的恐惧就是对失去感觉或是丧失新感觉的恐惧。然而你既然失去感觉，你就不会认为还有什么事不顺心；既然你打算获得一种新感觉，你就会拥有一种不同的生命，而且是不会停止的生命。

59. 人生来就是为了相互依赖的，因此要么帮助他人，要么忍受他人。

60. 箭头以一种方式运动,心却以另一种方式运动。然而心,不管是在仔细反省时还是在探寻钻研时,它总是坚定不移,直奔目的地。

61. 观察所有人的支配力,也让所有人都有机会观察你的支配力。

卷九

与同道者共居

1. 不公道就是不恭敬。宇宙造人本是要他们相互帮助，按照宇宙的价值彼此受益，而不是为了彼此伤害；因此违背宇宙旨意的人，很明显，就是对天神不恭敬。

说谎话也是对天神不恭敬。因宇宙的实质和现有万物的实质一样，都是真理，它是所有真实事物的原动力。现有的所有事物与过去存在的万物联系密切。故意说谎的人是不恭敬的人，因他有一种不公正的伪善，无意中说谎的人也同样不恭敬，因他对整个宇宙之道来说是一种不协调，会与其发生冲撞，从而变成一个破坏分子。若一个人在举止行为上与真理分道扬镳，那他肯定会陷入矛盾，并且由于他不加以应用本身具备的辨识真伪的能力，所以这种能力最终将会消失。

若一个人贪图享受，认为享受才是好的，逃避痛苦，认为痛苦是坏的，那这也是一种不恭敬的做法。因为这种人毫无例外肯定会责备宇宙对于好人和坏人的不公平对待——坏人通常在享受，占有那些可以用来享受的事物，而好人却要经历痛苦和会生发痛苦的事件。而且害怕痛苦的人最终也会害怕一些必然要发生的事情，而这种害怕甚至也是一种不恭敬。贪图享乐者，也不肯罢休于不平的事，很显然，这也是一种不恭敬。

然而与自然同心，遵循自然之道活动的人，他对宇宙自然同等对待的事物，必定也会同等对待。自然把享受和痛苦都创造了出来，因为在它看来，这两者是对等的。因此，一个人如果对宇宙自然一视同仁的东西，例如，享受和痛苦，生命和死亡，赞誉与诽谤等，无法做到一视同仁，他就是不恭敬的。我说的宇宙对所有事物一视同仁是指所有事物的出现皆是一样的，皆是遵循了自然规律的结果。对现存的东西或是它们的后果来说都是这样，似乎在冥冥中受着神意的支配。因为必须遵循神意，自然造就了这种有序的宇宙。它遵循神意，拟定了"所有要发生的事情"的准则，并且赐予一切事物以"生长的力量、变化的力量"，还拟定了我们看到的互相演变的情景。

2. 一个人没有经历过"伪善、蒙骗、奢靡、自大"而告别人世，的确是一件最幸福的事情，若做不到，则次之的情况就是：在疲惫于上述事情之时撒手人寰。莫非你愿意与罪恶厮混在一处？莫非在品尝罪恶之后尚不知如逃避瘟疫般躲开？因为和一切瘴疠之气相比，心的腐朽毒性更大。前者影响所有生物的生命，对它们有害，后者则对整个人类有害，影响他们的灵魂。

3. 死亡乃是自然之道决定的事物之一，要正视它，迎接它。分

解是自然界的一个步骤,与人生命中的各个阶段相联系,例如从年轻到年老,从渐渐成长到长到壮年,从长牙长胡须到头发斑白,从受精到妊娠生产。理解了这些,一个人就不该担忧或是轻视死亡,而应当将它看作一个自然的过程。静候死亡的来临,到那时,魂魄将离你而去,正如你等着妻子把孩子生出来一样。

然而,你若贪图心灵上的一点抚慰,有一个方法可助你沉着赴死:观察一下你将要弃之而去的周遭环境及你不想再与之共处的人们。诚然,你应该感谢他们,爱护他们,而不是厌恶他们,但是想到你是因为这些人与自己不同道,才打算弃之而去,于是自己就有了一点安慰。"人生仅因能与同道之人共处才值得怀念。"而现在你会发现,和那些水火不容的人同处一室,是如此让人难以忍受,说不定你就要大喊："死吧！赶快死吧！不要再拖延！不然，我可能就要忘掉自己了。"

4. 杜绝幻想。克制冲动。熄灭欲念之火。守住你自己的理性。

5. 不仅做某事的人常常行为不轨，而且不做某事的人也常常行为不轨。

6. 此刻，你的观点源于对事实的理解，你的举止行为对社会有利，你知足于所有外来的经历——这就足够了。

7. 伤害别人的人，实质上伤害了其自身。不公正的人，实质上是对其自身不公正，原因在于，他令其自身也因此变坏了。

8. 不具备理性的生物都拥有一种无差别的生命，具备理性的人则都拥有一样睿智的灵魂。就好像现实世界中的所有东西全是由一种尘土做成的一样，在我们活着的岁月中，我们见到的光明是一样的，呼吸的空气也是一样的。

9. 那些属于相同元素的事物，全愿意与相同类别的事物聚集到一处。只要是由尘土做成的东西，最终全会向尘土归附；液体全会向一处流动、聚积；气体的东西也如此，唯独"阻碍与外部力量的扰乱"才可以将其分开。因为受到天上之火的吸引，火具有了上升的性质，可是它也能和现实世界中的火作用迅速燃烧起来，因此所有非常干燥的物质都易于燃烧，这是其本身含有较少能够抵抗燃烧的元素的缘故，因此说性质相近的事物常会集聚在一处。所有具备理性的人也需要彼此吸引，而且他们的愿望应更加强烈。人拥有易于与同类融合的能力，这就是人比其他万物优越的地方。

我们能从不具备理性的各种生物中发现蜂群、牛羊群、鸟群，似乎其中还有爱。动物的阶段已经存在灵性，它们拥有明显的结群倾向，植物、石块、树木则不具备这种倾向。然而在理性的人类中，却存在着政治组织、友情、家庭、聚会及战争中的缔约和休战。可在更高阶段的事物中，仍然存在一种分离中的和谐状态，比如星体。因此即使升到较高形式，在分离的事物中仍会产生一种力量使其相互联系并和谐。

请看看当今真实发生的事情。现在，唯独理性的动物才会将他们相互间的关联和吸引遗忘，呼朋唤友的现象也唯独在他们之中才会缺乏。只是由于自然之道不可违背，尽管他们逃避却仍会落进自然的罗网中。在一番细致观察后，你就会发现的确是这样。不管怎样，一件由尘土做成而未蒙尘埃的东西与一个完全和现实世界脱离的人相比，总是更易于寻觅到前者。

10. 人、神以及宇宙，都会产生果实，而且是依据其各自的季节来产生的。通常来说，果实仅指葡萄以及与之类似的事物，然而这也不重要；理性也拥有果实，为了大家和其自身，它的果实也与它本身大致相像。

不要梦想乌托邦

11. 对于行为不正确的那些人，倘若你可以，那么就请你纠正他们；倘若你做不到，你应该牢记，对于这种局面你应拥有足够的慈爱与怜悯之心来应对。对于这样的人，天神也满怀慈爱与怜悯，有时还会帮助他们，比如助他们拥有健康、金钱和声望，神多么好心啊！你也能如此，难道会有人阻止你吗？

12. 别把你的工作当作是被迫干的辛苦繁重的体力活儿，也别期望得到其他人的同情或称赞。你唯一能期望的是，不论做还是不做皆受公益心的驱使。

13. 我今日将所有烦恼都摆脱了，或者说将所有烦恼都甩弃了，因为烦恼不在外而在内，它在我的想象中。

14. 所有这些事物都是屡见不鲜的，其生命十分短暂，其本质低微而卑贱。如今的所有事物与我们已掩埋了的过去时代的事物是完全相同的。

15. 那些客观的事物都孤单地站在门外，不认识自己，对自己也没有看法。我们通过什么来衡量他们呢？通过理性。

16. 那些拥有理性且结群的动物的善和恶，与其消极被动无关，而取决于其积极主动，就好像其美德和罪恶也与其消极被动无关，而取决于其积极主动一样。

17. 将一粒石子抛至空中，它的上升或降落都没有什么好坏之分。

18. 倘若将他们内在的理性看穿，那么你便可知道你所畏惧的裁判官究竟是什么样的人，他们到底会如何来评判自己。

19. 变化是普遍的真理。事实就是这样，你自己处于一个永不止息的变化或腐化之中，整个宇宙也是如此。

20. 其他人不正确的行为应让他自己来料理。

21. 活动的终止，情感和思维的歇息，也能称作它们的死亡，但皆非罪恶。尝试着想想你的一生：婴儿时期、童年、成年、老年，你迈出的每一步在变化的阶梯上皆为一次死亡。在这个过程中有何畏惧的吗？想想你在你祖父、在你母亲和你父亲膝下生活的日子，从中你会看出很多不同的变化和停止来，然后你问问自己："在这过程中有何畏惧的吗？"其实没有什么值得畏惧的，哪怕你整个生命到了终结、停止、改变的时候，仍不值得畏惧。

22. 尽快反省检查你自己、宇宙以及你的邻居的理性吧。反省检查你自己的理性，是为了让它保持公正；反省检查宇宙的理性，是为了让你经常记得自己隶属于它；反省检查你的邻居的理性，是为了看清他是愚钝还是聪慧，反之也能想一想，他的理性与你的是否有多少差别。

23. 既然你属于人群，那么你的行为也应是共同生活里的一部分。在你的行为中，那些与这个共同目的直接或间接没有关系的行为，都能让你的生活变得孤寂，将人群的完整性损毁，制造分裂，就像社会中一个不合群的人一样，总是离人群远远的，无法与大家保持一致。

24. 可怜啊，那些吵闹、玩乐的小孩子，他们是"背负着尸体的小灵魂"。死亡，让我们对现实有更清晰的认识。

25. 那个让一件东西成为一件东西的动因，应该直接去体会，隔开那物质的部分，径直探寻本质。之后决定每个事物在这样的情形下，到底最长可以存在多长时间。

26. 就因为你对理性做出本性要求它做的事感到不满，所以你会遭受无尽的烦恼与痛苦。这一点毋庸赘述！

27. 倘若有人想辱骂你，抑或对你表现出这样的情绪的时候，请立即与他们的内心对话，进入他们的内心，探察他们究竟是什么样的人。那么你便能理解他们为什么要这么做，而且完全不必在意他们对你的看法。然而对他们，你仍然需要宽容，因为大自然要求他们成为你的朋友。天神也曾以托梦和神谕以及其他各种方式对他们进行帮助，以便让他们实现天神期望实现的目标。

28. 宇宙的运转一直是一种状态，由上而下，由一个周期至另一个周期。宇宙的理智可能在特别的情境下，会产生立志取得较大成绩的动机——假如真是这样，你只得接受因此引发的后果——可能仅需要产生一次动机，此后的事情就不用再费力，此后的事物就会依次出现；而到底会发生上述两种情形中的哪一种，其实一点也不重要，因为你能够说："这世界只是原子罢了。"若说到宇宙，倘若有神明存在，那么全部都会被安排妥当，倘若机遇仅是种偶然，那么你就得受偶然的机遇左右了。

过不了多久我们就都将被埋于土下。那土过不了多久也会变化，而且会不断地变化下去，直到永远。假如一个人能想到这永无休止的变化以及这些变化的惊人速度，那么他将不再看重世上的一切。

29. 世界的运转如同一股流速很快的水流，可以将所有都带走。整天围着政治转还自称为哲学家的那些可怜的人，多么不值一提啊！都是些乳臭未干的愚蠢的人！既如此，你是怎么想的？你该按照自然之道的要求行事，并努力做好！若你拥有这种力量，别犹豫不决地担心别人知晓，也别梦想乌托邦，对微小的进步也要感到满足，倘若有什么成果也要觉得没什么了不起。因为有谁能将其他人的意见改变呢？既然意见不能被改变，那么我们只得让人们装出信服的样子，而实际上却是像奴隶一样被逼而已。就这么算了吧！你来谈一下亚历山大、腓力普和法来容的底密特力阿斯。大自然的意旨他们是否感悟到了，并为了合乎那意旨的要求而训练自己呢？那都是他们的事。然而，假如他们扮演的是悲剧的角色，那么就不会有人责怪我不效仿他们了。哲学的工作较为简单，不自大也不虚夸，能让我免于走上自高自大、目中无人的错误道路。

30. 纵观这个世界，看一下那没有尽头的人群、仪式、景致或海上平静的航船，还有从新生到壮年、再到老死的人生变迁。然后再

想一下，其他人很久之前过的生活，在你之后的未来的生活，还有目前野蛮国家正在过的生活；你的名字有那么多人从未听到过，有那么多人不久就会把它遗忘，有那么多人可能此刻称赞你但不久后又恶意毁谤你，不论是死后的好名声，还是如今的美誉，抑或任何事物，全都不值一提。

31. 对所有来自外部的事物你都不要惊慌，让你的内心保持自由，便可做到公正；换句话说，你的动机和行为都表现在为人群服务上，因为这合乎你的本性。

32. 由于烦恼全部存在于你的想象里，所以你能摆脱很多没必要的烦恼。马上你就能走进一个广阔的境界——倘若整个宇宙都被你纳入自己的心中，恒久的时间也被放进你的视野中。感受世间万事的每个部分时时刻刻都在发生的剧烈改变，从生到死的短促，还有在世时浩渺的时间、辞世后无穷的岁月。

责备他人之时，先审视自己的言行得失

33. 现在你的眼睛能看见的所有事物，很快就会消逝，目睹那些事物消逝的人们，很快也会同样地消逝；那在同辈中晚死的人和那些很久之前就夭折的在墓穴中的人是完全相同的。

34. 这些人的理性怎么了？他们辛苦求索的是些什么？什么样的动机能刺激他们的爱恋、尊贵和荣耀？想象你看到了他们裸露而可怜的小灵魂吧！他们是多么自高自大啊，自认为他们的诅咒、谩骂有害，称赞有益。

35. 损失和改变根本就是一码事。宇宙的自然之道历来喜欢改变，正因为如此才使如今的所有事物得以完成，从古至今就是这样，以后乃至永远也会这样。既然如此，你为何要说："所有事物全是坏的，而且坏到了极点，虽然神明较多却没有什么好处，那些坏的事物他们不去纠正，导致接连的罪恶束缚了这个宇宙？"

36. 在所有事物的基本质料中，即水、土、骨、气中，都存在着腐朽的种子！进一步说，大理石只是小块的泥土，金银只是提炼后的残渣，衣服只是一堆皮毛，紫颜色只是一摊血迹。所有别的东西也都是这样。灵魂也是一个相似的东西，易于由这个变为那个。

37. 这满是气愤、怨恨、荒唐、苦恼的一生，真是让人厌恶！为什么要发怒呢？有何稀奇吗？什么令你惊讶？是什么原因？需要细致思考。其本质如何，也需要细致思考。除了上述两点，就没有什么了。提及天神，虽然如今已到了急不可待之时，你最好告知天神，你变得更加淳朴善良了。

通过这些苦恼的事获得的经验，不管延续三百年还是三年，都完全没有差别。

38. 假如他做了错事，那是他自己造成的，可要是他并未做错呢？

39. 可能存在一个智力的源泉，之后所有事情都是由那里产生，并合成一个整体的，所以它里面的分子就不应该对为整体利益做的事抱怨。或许只有一些原子，除去原子的杂凑和分散就没有别的了。那你为什么还要忧愁呢？你应该这么对你的支配力说："你死了,腐朽了,变作一头野兽了!你是个伪善的人!你是牛群中的一头牛,该和牛一同去吃草!"

40. 天神或许没有权力,或许有权力。倘若没有权力,就没有必要向他们祈祷。可是倘若有权力,为何不祈祷他们让你不再畏惧"你所畏惧的东西",得到"你所希求的东西",不为任何事情感到悲痛忧伤。有必要支支吾吾地祈祷"他们允许发生这样的事"或"不允许发生那样的事"吗?因为很显然,假如天神可以帮助人,那么在这一点上就可以帮助人。然而或许你会说:"天神已经安排我来料理这些事了。"因此,你就会如同一个自由人一般使用你的权力,而不会像奴隶似的为自己无权料理的事感到烦躁吗?对于我们有权料理的事,谁告知你说天神不同我们合作?不管怎样,请祈祷这些事,看一下结果怎样。一个人这样祈祷道:"我如何才能与

那个女人睡觉！"你祈祷道："如何才能让我将与她睡觉的欲望灭除！"另一个人祈祷："我如何才能将那个人摆脱掉！"你祈祷："我如何才能将想摆脱那个人的想法抛却！"又一人祈祷："我如何才能不失去我的孩子！"你祈祷："我如何才能不惧怕失去他！"简要地说，应该如此祈祷，看一下结果怎样？

41. 看看伊壁鸠鲁是怎么说的，他说："当我生病之时，任何和身体感觉有关的话我都不会谈，对所有探望我的人我都不会谈它，而是接着谈自然哲学的重要部分。尤其要重视这点，既然心灵必须共同分享肉体的感觉，怎样才能保障其固有的优越而免受扰乱呢？与此同时，我也不想让医师们狂妄自大，如同他们正做的是一件不平凡的事，我依旧会愉快地继续生活。"假如你病了，要效仿他的做法，碰上别的任何紧急情况时也是这样，这是因为每个派别都认为在遇到困难时不能将哲学放弃，也不能与不学无术的那些人一块儿胡说八道……应该把你的心思全放在你现在的工作和你工作时应用的工具上面。

42. 当你因一个人的无耻而感到非常气愤之时，你应该如此自问："那个人如此无耻，他能不存在于这个世界吗？"显然不能；不要强求不可能的事。必须存在于这个世界的无耻的人有若干个，他仅是其中之一。我们对于流氓、骗子或所有干坏事的人都应该这么看待。只要明白这些人是必须存在于世的，我们马上就会对他们产生一些较好的感受。如下看法也很有好处："大自然针对每一种不正确的行为，赐予了人类怎样美好、高尚的品德呢？"大自然针对无情之人赐给了我们怜悯，以另外一种美德去抵消另外一种恶行。

你在所有的情况下，都有能力去训导一个不慎走上错误道路的人，告诉他他的错误所在。因为所有做错事的人，全是由于看错目标而走错路的。再者，你有何受害之说呢？你能察觉到，在让你烦恼的人们之中，没有人做过任何可伤害你的心灵的事情。你说的上当受骗，都只在你的内心中存在。

糊涂人做糊涂事有何危害或稀奇吗？是否应该怪你自己呢？倘若你没想到他做事是这么糊涂的话。因为你的理智应当可以让你得到大致一定会这样的结论。可是你竟然忘记了这一点，反而对于他做错事感到惊异！当你责备一个人背信弃义的时候，你要反省自

问，这是最重要的事。因为很明显，错误在于你自身！不管起初你是认定这个人会对你坚守信义，还是你在施惠的过程中没有得到完全满足才希求日后能够获得补偿。

在你做善事的时候，还要希求什么呢？你做了一些符合你本性的事，莫非这还不够，你还想获得酬劳吗？如果你是这样想的，那就如同眼睛因能看就要索取报酬，脚因能走路也要索取报酬一样了。眼睛和脚是专为这特殊工作设置的，做了这工作才叫作尽到了职责。人也是同样的，人生来就是为了施恩于别人，当施恩于人或是通过任何其他方式为公共利益做出贡献之时，他才算是尽到了其职责，也算获得了他所应该得到的酬劳。

卷十

将自我品格放弃的角斗士

1. 我的灵魂，你是否会比包裹着你的那个躯体更加善良、质朴、单纯、赤裸？你会不会享受到一种亲昵温柔的甜美心情？你会不会感到充实，能够依靠自己获得满足，不希求什么，不为了享乐而对有生命的或没有生命的东西抱有任何欲望；不会为了能够更长

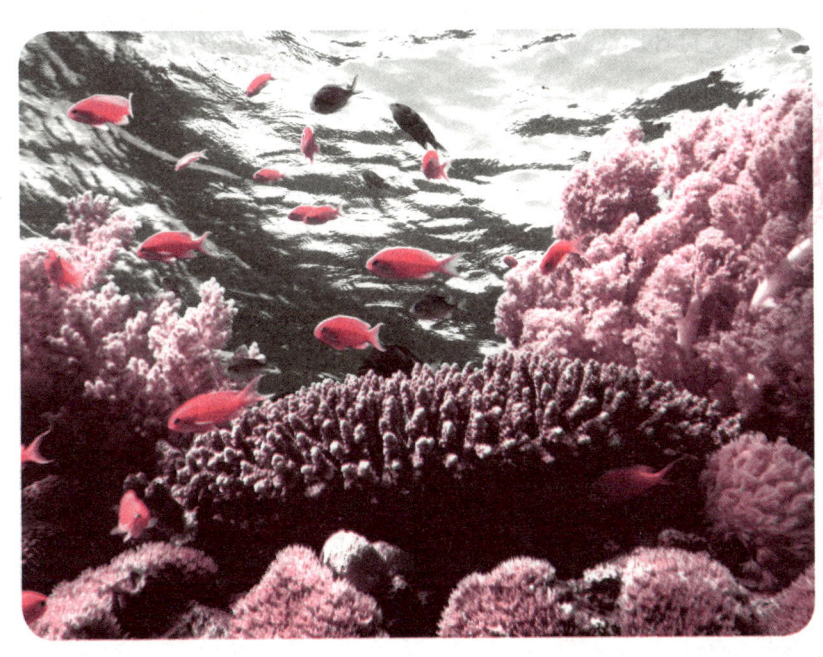

时间地享乐而追求长生，也不向往什么胜景，只对目前的状况感到满意；对你现在拥有的全部感到欣慰，确信现在你拥有的全部都是从神明那里来的；只要是神明所喜欢的，必定也永久适合你；而且确信之后神明也会为了保持这个"善的、公正的、美好的、包罗万象的，创造和孕育万物的"宇宙自然而接着把一切都赐给你；在那一切毁灭以后，相同的新事物会重新出现；你能否最终和人类友好相处，不挑剔也不受他们的责备和辱骂？

2. 你的本性要求你些什么呢？请仔细体会观察。因为你仅受"你的本性"左右，之后就开开心心地去做；假如这么去做，作为一个活人的你的本性不会受到损害。然后就要去体会观察："作为一个活人的你的本性"要求你的有哪些呢？这些要求你一定要彻底接受。倘若作为一个有理性的活人，你的本性便不会因此受到损害；只要符合理性，也就会符合人群；应该遵循这些原则，除此之外没有别的要求。

3. 发生的所有事情，你生来就适宜于或不适宜于承受。假如适宜于承受则无须抱怨，依照你可适应的能力去承受吧。假如不适宜于承受，也无须抱怨，在将你毁灭后它也将不复存在。不管怎样你要知道，原本你就具备承受一切的能力：判断能否承受一件事，完全在于你的想法，在于你认为这么做是否合乎你的权利和义务。

4. 倘若有人犯了错误，就认真地给他指出来，告知他哪里错了。假如这一点都做不到，那就要责怪你自己，或者也没有必要责怪你自己。

5. 那些你碰到的事情是永恒从一开始便为你设置好的，其错综复杂的前因后果，也是永恒从一开始就已设置好的，它们使你的生命与在适宜时间发生的某一事件交织成一个组织。

6. 不管这个宇宙是一团原子，还是一个自然体系，有一点是毫无疑问的，即我是被自然支配的这个宇宙的一部分。其次，我和别的性质相同的各部分关系很亲近。由于时常想着我是其中的一个部分，因此我对整体派发给我的任何事物都不会感到气愤。整体不会包含不利于本身的东西，因此有利于整体的也一定不会有害于部分，所有事物皆有这么一个相同的原则；但宇宙自然有一个不同寻常的特点，即不会因受到外部力量压迫而发生任何对本身有害的事情。

"我是这个整体中的一部分"，只要我牢记这一点，那么对发生的所有的事我都会觉得快乐，只要我和同类的各部分维系着亲宠关系，我就不会做出任何背离人群的事情；对于和我们同类的各分子，我会尽力关心他们，并竭尽全力去做与公共利益有关的事情，与此相反的任何事情我都不会做。如果这么去做，生活必定会过得很顺利，如同一个为民众谋福利的公民，他开心地接受国家安排给他的任务，他生活得必定很快乐。

7. 不论是整体的各个部分，还是宇宙中的所有事物，都必然会消失不见。其实"消失"就是"改变"的意思。然而假如这一过程对他们来说是件坏事，且必然会发生，整体也就一定永远无法满意地工作；由于各部分一直都在不断变化，而且天生就注定将在不同的方式下消失不见。莫非宇宙自然动手将坏事带进她自己的各个部分，让各部分不可避免地陷入罪恶中？莫非宇宙自然不清楚其情形是这样的？上述两种猜测都不值得相信。

然而如果我们不谈"宇宙自然"这个名词，还解释说这些事物其实是"自然的"这类的话，那么一面提出整体中各部分应该有所改变，一面又对于各种事物解体为原来的组成分子而感到惊异和烦恼，这真是一种十分荒唐的态度。这是因为，组成我的原子终归会分散，抑或是发生一种改变，从固体变成泥土，从精神变成虚空，历经变化之后重新回到宇宙的理性中，由火来轮回烧制和锻炼，抑或是凭借无限的变化力而吐故纳新。

因此，不要觉得那固体和精神从你出生之时就已经从属于你了。那不过是昨天或前天因为你吃的东西和你吸的空气才长出来的，将会发生改变的是你所获取的这一部分，而不是你母亲胎中的产物。即使你母亲所生的那一部分与你后来生长的一部分关系较为亲密，我觉得这种观点也不会对我们的论点造成什么影响。

8. 比方说你个人拥有如下美名：一个善良的人、谦虚谨慎的人、讲实话的人，一个心地明白、富有同情心、胸襟宽广的人，应当注意的是上述美名皆不得改变。假如你将这些美名失去了，你应当尽快把它们找回来。你该记着，"心地明白"其实就是指"你能够洞悉一切且思想彻底"，"富有同情心"其实就是指"你甘愿接纳宇宙所派发给你的那一份"；"胸襟宽广"其实就是指心情超脱于"肉体上的哀乐顺逆"以及"对浮名的求索、对死亡的畏惧和别

的类似的事情"。如果你能让自己有资格拥有这些美名,并且不急切地盼望其他人如此赞扬你,那么你就是一个新人,而且步入了一种新的生活境界。

固执、不知变通而任凭生活腐蚀,说明一个人过于愚钝和迷恋人生,完全可以将他和竞技场中因与野兽搏斗而被吞噬半个身子的人同等看待;本来已经血流肉烂、惨不忍睹,却仍央求再活一会儿,等到明日又重新被投进竞技场里去,然后又身负伤残,重新再被那爪牙锐利的野兽撕扯一番。

既然如此,你就享有这些美名吧,倘若你可以维系住这些美名,那么你就会如同一个已航行至"幸福之岛"的人一样。可是倘若你依然感觉在漂移,无法抵达目的地的话,那么请勇敢地到一个角落中去将你的把握加强,抑或完全将这人生抛弃,并非是由于气愤,而是由于单纯、自由、谦虚谨慎。这样一来,在这一生中你总归做好了一件事，可以悠闲舒缓地离开人世了。有助于使你记住上述美名的最佳办法就是：时常想着神明，神明不需要奉承，需要的是所有拥有理性的人皆应该与他们完全相同，一个人应当做一个人的事情，好比一棵无花果树应当作一棵无花果的事情，一条狗应当做一条狗的事情，一只蜜蜂应当做一只蜜蜂的事情。

9. 玩乐、战争、胆怯、迟钝、奴役——这些事会慢慢地将你这尊崇自然的人所理解和接受的那些神圣原则彻底清除。然而，无论是做任何事，你皆应做到这一点，即把目前的工作做好，并考虑如何做得周到、细致，来自正确而透彻的见解的自信心要坚定不移、含蓄蕴藉，却又充满光明。

何时你方可安享"来自淳朴的欢乐"、"来自尊严的欢乐"？"通过认识各个事物而获得的欢乐"，它的本质是什么，在宇宙中占据什么地位，生命能延长多少时间，组织成分怎样，会从属于什么人，何人可以将它送给别人，何人可以将它带走？

10. 当一只蜘蛛捕到一只苍蝇，它会因此自鸣得意；当一个人逮到一只兔子时，另一人网到一条小鲱鱼时，又一人猎得野猪时，甚至有一人捕获到熊时，他们都会自鸣得意。假如你审视一下他们的行为准则，你会发现他们其实都是强盗。

惧怕本性的逃亡者

11. 尝试着系统地观察一下万物的相互变化，对这一门学问多加关注和研究。大概没有比这个更好的可以让一个人心胸豁达的学问了。假如一个人愿意这么做，他便能抛开他的躯体，并且一旦领悟到其中的真谛，他几乎马上就会把所有都放弃，脱离人世，专心致志地在行事中努力做到公正，不论遇到什么都会将自己托付给宇宙自然。其他人怎么议论他、看待他、对待他，他都完全不会在意，因为下面两者让他内心十分坦然——目前的所有行为都是公正的，目前的命运是令人满足的。他将所有烦忧和野心都抛开，没有其他期望，只想按照自然法则坚守一条正确的道路，并跟随神明的脚步前行。

12. 当需要你个人决定怎样去做的时候，不要犹豫。假如你可以把个人的道路看清楚，就开心地走下去吧，别转向；假如那道路你看不出来，就退回去与见解最独到的人商议一下；假如出现了其他障碍，那就坚持公开公正的原则，尽量谨慎地迈步向前吧。一次就能成功当然是最好的，但即使失败了，也会是唯一的一次失败。

从容闲适却不懒散，心情愉悦却又镇定自若，做任何事都跟随理性的人就是这样。

13. 当你从睡梦中醒来，你马上就应问问自己："假如由其他人做一件合理公正的事情，并非由你来做，你觉得这有什么不一样吗？"并未有什么不一样。莫非你已经遗忘，胡乱损毁及赞誉其他人的人，不论在床上还是在餐桌上都是如此；他们做了一些什么样的事呢？他们避免和寻求的又是哪些事？他们不用手脚，而是用他们最宝贵的那一部分去偷盗和抢掠。那一部分本来是能够产生信仰、谦虚、真理、规律以及美好的"精神"的。

14. 那些受过良好教育、谦虚谨慎的人，会向有权力赐予也有权力收回所有的大自然说："你想赐予什么就赐予什么，想收回什么就收回什么吧。"然而他这么说并不是为了逞强，而仅仅是出于单纯的遵从和好意。

15. 你没有很长的时间可以活了。应该如同居于山上一样地活着；因为不管居于何处都无所谓，只要你可以如一个世界公民那样生活下去。使人们将你视为一个遵循自然之道而生活的人。假如他们无法宽容你，就叫他们把你杀死。因为死去总归比过他们那样的生活要好一点。

16. 从今以后不要再议论怎样才是一个好人，而应该去当一个好人！

17. 应该一直将时间视为一个整体，将本质视为一个整体，将每一件单独的事物在本质上视为一枚无花果的种子，在时间上视为钻子的一转。

18. 细致观察每一个存在的事物，应该记着它是已在解体中、改变中，或者说是在腐朽变坏和消失离散的状态中，抑或应该记着所有事物生来就是会死去的。

19. 当人们吃东西、睡眠、交合、排泄以及做其他类似的事情时，形态和举动是多么丑恶啊！当人们傲慢骄横、气势逼人、狂妄自大时，身居高位却怒火中烧，抑或责备他人时，又是一副什么样的面目！实际上就在刚才那一会儿，他们还对那么多人俯首帖耳，为了某些事而委曲求全，再过一会儿他们又会怎样呢？

20. 宇宙自然赐予每个事物的皆有利于那个事物，且是在有利于它的时候才赐予它。

21. 要么你在此地生活且已对此感到习惯；要么你从此地离开去往别处，且出于自己的意愿；要么你将你的职责履行完后再死去；要么你现在就去死，除此之外没有其他途径，所以打起精神来吧。

22. "大地和连绵的大雨恋爱着，肃穆的天空也在恋爱着。"宇宙热心地生产所有必然存在的东西，也如同在恋爱着一样。因此我告诉宇宙："我将与你一同去爱。"我们是否有下面这种说法："这件东西或那件东西变为这种模样？"

23. 你永远得记住，如同我所告知的那样，不论一个人住在山顶上、海边上，还是任何你所喜爱的地方，情形都是相同的。你会觉得柏拉图的话很贴切："当城郭环绕着你的时候，就如同你在山上挤羊奶时被群羊包围着。"

24. 到底我的理性是什么，如今我让它变成什么？如今我如何使用它？它是否没有智慧？是否彻底隔离于合群友善的天性？是否和肉体同流合污，反而被肉体所控制？

25. 抛弃主人远走的人就是一个逃亡的人。如果法是我们的主人，那么违反法的人就是逃亡的人。那些为悲伤、气愤、畏惧而激动的人，总会希求"那宇宙的主宰或控制人生命运的法则"可以让"过去已发生的、目前正发生的或今后将发生的"某些事不要发生。因此，为畏惧、悲伤、气愤而激动的人就是逃亡的人。

26. 当一个人将精子放进子宫内就离开了，之后其他机缘将它

接过去,并在上面花费时间和精力,造就出一个婴儿来。这项工作做得多么美好绝妙!婴儿吞咽食物,没过多久另一个机缘将它接过去,制造感觉和动作。简单来说,就是赐予生命和力量,还有很多罕见、新奇、深奥的东西!思考一下这些在隐秘中做完的事,探察那个动因在哪里,就像我们探察那让一件东西下去,另一件东西上来的那种力量似的;我们眼睛尽管看不到,可是并不会因此而不明白。

27. 应该一直记着:现在存在的东西,早在我们出生前就已经存在了,且必须要知道在我们死后也仍将存在。将你在经历中见到过的,抑或从历史上学来的,一次次重复的戏剧表演,都置于你的现在,然后再重新学习一次,比如:哈德良的整个朝廷,安东尼·派厄斯的整个朝廷,还有腓力普的、亚历山大的、克罗索斯的整个朝廷。这些情景和我们现在见到的丝毫没有差别，仅仅是演员不一样罢了。

28. 若一个人因为任何发生的事而心生烦恼或不满，那么就应把他当成一只在祭祀时因被用作祭品而挣扎嚎叫的猪；若一个人独自躺在床上，对命运的枷锁黯然哀叹，那么也和那只猪类似。必须知道，唯独理性之人方能主动接纳所有，而没有目的地顺从则是普通生物的必然现象。

29. 在做每件事时，你应该常常停下来问自己："死亡使你无法做这件事，那么它是否是值得畏惧的？"

30. 你对其他人的错误行为感到惊异吗？反思你自己有没有相同的错误；比如：将钱视为好东西，抑或寻求无聊的好名声等。通过这样的反思，你就能将你的怒气迅速遗忘，而且还能宽慰自己——那人是无可奈何，他能怎么办呢？或者是，假如你有办法，就将那无可奈何的情形消除。

31. 当你见到萨提隆，便会想到苏格拉提克斯，或优提克斯、海门；见到优弗拉提斯，便会想到优提济昂或西凡诺斯；见到阿西佛龙，便会想到超派奥佛勒斯；见到塞佛勒斯，便会想到赞诺芳或克利图；观察一下你自己，便会想到昔日的恺撒，处处都能这样类推下去。之后你再思考一下：现在他们去了哪里？不知道去了哪里，无人可以说出去了何处。通常你会将人世间的事视为转瞬消失的烟云；特别是当你想到任何事一旦经过改变就会永远消失之时，更应该这样看待。既然如此，为何还要挣扎硬撑呢？为何不因悠然、闲适地度过这短促的人生而感到满足呢？

多么好的资料和工作机会，你都放弃了！这不都是为了准确考量人生的一切而使用理性的对象吗？在你将那些真理吸收之前，一直要接着使用你的理性，如同强健的消化系统把食物吸收进去，火焰旺盛的火把投入其中的全部事物都变为光和热一样。

32. 别让任何人有权评说你是个不诚恳的人或不好的人，应该让任何对你有此看法的人变成撒谎之人，而所有这些都取决于你。因为没有任何人可以阻挠你变成真诚恳挚、心地善良之人。假如无法变成这样的人，那就决定别再活着了。因为在这样的情形下，理性也不坚持让你继续活着。

33. 谈及我们的人生资料，如何去说、去做才算作合乎健全之道呢？如何去说、去做，最终依然取决于你自己。别以你受到了阻碍来推托，否则你永远都会抱怨的，直到有一天你可以时时处处使用人生资料，如同纵情于声色的享乐者。一个人遵循本性行事，应当视作一种享受，且无论在哪里他皆有力量如此行事。

一个圆筒不具备四处滚转的力量，水、火或任何别的受自然支配的东西，或受无理性的灵魂所支配的东西，都无法自主活动，这些我们都知道。然而智慧和理性却可以依照他们的本性和意志将所

有障碍冲破,迈步向前。尝试凭空想象一下,理性是怎样顺利地冲破障碍的,就像上升的火、下落的石块、顺坡滚转的圆筒一样没有任何顾忌。别的所有障碍,或者只能影响到这僵硬的肉体的躯壳,或者除非获得想象和理性本身的准许,完全无法伤害到我们,不然遭到打击的人马上就会变坏的。

谈及别的所有的生物,假如其中任何一项遭受了灾害,它本身一定会受到损失或伤害。可是假如一个人遇到此种情形,就会善于利用灾害,从而变得更好、更值得赞扬。简单来说,应该想着:既然自然已让你成为一个市民,那么只要对城市不会造成损害,你当然也不会受到损害;对自然法则不会造成损害,城市当然也不会受到损害。意外之事,即无任何事伤害到自然法则。因此自然法则不会受到伤害，城市及市民当然也不会受到损害。

34. 那些简单易懂的格言完全能让一个明白事理的人警觉醒悟，使之不陷进悲伤与畏惧中。比如：

"一切生灵就像风吹落叶。"

你的子女就是小小的叶片。那些高声呼喊，认为有人肯听的人们，那些散布谄媚言辞的人，抑或与之相反散布诅咒谩骂的人，或者暗地里诋毁诽谤的人，全是些叶片。那些传颂我们的身后美名的人，也是些叶片。因为所有这些叶片"春天来后就又会萌芽"，很快风又吹落它们，树林中会重新长出新叶片将它们替代。所有事物的共同命运都是短促的，而你却竭力求索或避免其中的每一件事，如同它们是永远存在的一样，但是不用过多久你就会闭上眼睛。而且，那个把你抬进墓中的人，过不了多长时间就又有人唱起挽歌给他送葬。

35. 所有能看见的东西，一只健康而无缺陷的眼睛都应该能看见，然而不可以说："我只想看见绿色。"因为一只有病的眼睛才会这样。健康而无缺陷的听觉和嗅觉，应该可以听见和闻到所有可听见、可闻到的东西。健康而无缺陷的消化力对于所有营养品，应该如同磨坊加工、制作谷类一样。相同的，一颗健康而无缺陷的心应准备承受所有遭遇。可是假如这颗心说："使我的子女得到安全！使所有人称赞我的所有举止和行为！"那么这颗心就和专门寻找绿色东西的眼睛,或者专门找柔软东西的牙齿没有什么差别。

36. 任何人都不会这么幸运,以致在辞世之前身旁没有一两个人对他的死感到高兴。虽然他是个善良、聪慧的人,毕竟总会有人在心中嘀咕:"如今我们把这位教师摆脱了,可以喘口气了,并非说他对我们如何严厉,而是我总觉得他在暗自诅咒我们。"一个善良的人尚且这样,从我们自身的情形来看,我们的辞世一定会让千百个人有更充足的理由感到高兴!在辞世之前想到此点,你会较为安闲舒适地离开人世。假如你如此推论:如今我要离开人世了,在这一生中,我曾经为我最亲密、信赖的人们那么辛苦,为他们祈祷、烦恼,他们全愿意我离去,期望我也许能从中获得更多的闲适;既然如此,每个人为什么还要对这世界依依不舍呢?

只是你将离开了,没有必要因为这点而在意他们,应该将你的本来面目保持住,仍然性情温和、举止自然,别如同是硬被夺走的;离开人世应该如同一个人善终之时,灵魂离开肉体那样安静、悠闲。因为是宇宙自然将你们结合在了一起,如今自然只是又解开了这个结而已。我脱离人群,犹如脱离亲属似的,并非是被强拽开的,而是没有反抗地离开。因为这离开亦是自然的一个程序。

37. 对于其他人做的每一件事,应该努力养成这样的习惯——反问自己:"这人有何目的?"不过,在此之前要先由自己开始,先对自己进行检讨。

38. 应该牢记，我们内心里那个隐蔽不显露的东西是真正为我们牵线的，是它给予了我们言辞和生活，让我们成为人。当你在内心猜测它的时候，一定不要将外面的躯壳算在其中，也不要将那些附属的器官包含在里面。那些器官犹如工人的手斧，不同的是他们生来就长在身体上罢了。只要这些部分离开了那让他们活动并让他们存在的动因，就会像纺织工人的梭子、作家写字的笔、驾车者挥动的鞭子一样，变得丝毫没有用处了。

卷十一

灵魂是一个美好绝妙的圆体

1. 拥有理性的灵魂具有下面这些作用：它可以看到自己、深入解析自己，并遵循自己的意志来造就自己，独自获取自己的成果；而植物界的果实和动物相似的产物却由别人获取；不管生活的界限在何处，它皆能实现自己的目标。如果在跳舞、演戏和类似的技艺中出现任何间断，那么整个动作就会不完美。然而拥有理性的灵魂，不管是在每一部分，还是从任何一点上来看，皆表现出其所做的工作是充分完成了的，因此它能够说："我们的东西我拥有得已经十分充足了。"

不单单是这样，它历经整个宇宙及围绕宇宙的太虚境地，把探寻其构造的计划延伸到无穷的时间中去，获知所有事物的循环再生并进行估测，发现就算是我们的子孙后辈也无法看到什么新奇的事物，如同我们的祖先也从来没有见得比我们更多一样。因此一个四十岁的人，假如有一点点聪慧，鉴于从古至今都十分相似，他便能说已见到所有曾发生或即将发生的事了。拥有理性的灵魂则还有其他特点，即对我们的邻居的爱，诚实和谦虚谨慎，不将任何事物置于自己之上，最重要的是自己——此亦为法律的一个显著特色。因此说正确的理性和公道的理性确实是普遍存在于宇宙中的一件东西。

2. 你是不会看重优美动人的歌舞表演和角斗的；假如你将那优美的旋律分解为单独的声音，之后就每一个声音来反问自己："这可以支配我吗？"你自己肯定不会如此承认。跳舞也是同样的，假如你将每一个单独的动作和姿势皆分别进行观察的话。角斗也是同样的。简单来说，除去美德和它的使用以外，都应该想着观察其组成分子，在经过分析后就能蔑视它了。对于整个人生来说，也能这样来处理。

3. 对于公益，我做过什么有利的事吗？我已获得了充足的酬劳。应该永远这样认为，不得对你的努力表示怠慢。

4. 你有何长处呢？"当一个善良的人。"可是假如不在一方面准确认识到宇宙的本性，而在另一方面准确认识人的特殊结构，那么怎样才可以取得成功呢？

5. 在有必要的时候就能离开肉体，消失不见、离散或者依然凝

聚，这样的灵魂是多么高贵啊！然而这种有准备的状态，必须是出自一个人心灵的判断，不能"如基督徒那样"仅是抵抗的结果。必须将审慎和尊严顺便带上，而且假如要让其他人相信，那么就不能带有任何戏剧表演的成分。

6. 演出悲剧，原本就是为了提醒群众一些真事，让他们知道这些事件自然会发生，当你在人生大舞台上碰到这些原本在戏剧舞台上才会有的事的时候，没有必要感到烦忧。因为这些事是必定会遭遇的，连高呼"啊，西载隆！"的人也不得不承受那些不幸。的确，在戏剧中有不少有用的警句，比如："尽管上天将我和我的儿子们遗弃了，但其中一定有原因。"又如："因为事而生气丝毫没有作用。"再如："我们的生命如同被收割的成熟的麦穗。"

除此之外，类似的警句还有许多。

在悲剧以后，出现了风格豪放的旧喜剧，它直白的言辞可以说是一种对放浪形骸的人的告诫。与此类似，第欧根尼也扮演了这个角色。在此之后，先后兴起了中期喜剧和新喜剧，后来逐渐退化成对技巧的模仿。在这些剧作中，也有一些大家公认的、对世道人心有好处的话。然而诗和戏剧作品的目的到底是什么呢？

由于艺术是对自然的模拟，所以说"自然始终不会比艺术逊色"。倘若这种说法没有错，那么自然中最美好和完整的部分永远不会被艺术超越。每一种艺术中的低级事物，都是为了高级事物才被创造出来的；在宇宙自然中也是这样。的确，公道是从这里起源的，别的美德却都产生于公道；因为假如我们看重那些无关紧要的东西，抑或容易上当、漫不经心、意志不坚定，那么就无法维持公道。

7. 多么显然，任何一种生活都不会比你目前的生活更适合运用哲学。

8. 从相邻的枝上砍下的枝，肯定也是从整棵树上砍下的。同理，从一个人旁边隔离开的一个人，肯定也是从整个人群中隔离开的。枝是被人砍下的，与邻居隔离的人则是因为被憎恨和嫌弃而主动与人群隔离开的，且没有发觉他如此做是要和整个人群隔离。然而请留心那树立人类乐群意识的神明，将怎样的禀赋赐予了我们。我们具备与相邻的枝子长在一起，并可以整个凝合成一体的力量。但是假如裂痕接连发生，那么脱离的部分就难以重新黏合在一起，恢复到原来的状态了。通常情况下，从一开始就和树一起成长、生活的枝子与切下来再接上去的枝子很不一样，园丁都会将这些告知你。即使躯体是同一个，但心却不相同了。

9. 存在这样一些事物，无论你探求还是避免，都会使你烦恼，事实上它们没有来找你，而是你去找它们。因此对那些事物的判断，你必须保持冷静，这样它们便不会来搅扰你，你也无须再去辛苦探求或全力避开它们。

10. 灵魂是一个美好绝妙的圆体，对外界所有事物都不伸展，对自身内部也不收缩，不扩张也不紧缩，却可以吐露光明，将所有事物和自己内心的真相都看透彻。

阻止你在理性的正确道路上迈步向前的人，永久无法阻碍你做合情合理的事。可是，也不应让他们将你对他们温和可亲的态度夺走，因此在如下两方面都应加强警醒。一是在判断和行为方面要保持坚定，二是要对打算阻止你在正确的道路上发展或在其他方面令你坐立不安的人们，仍做到温和可亲。说实话，向他们发脾气与瞻前顾后、惊恐退让没什么区别,都是脆弱的表现。若只能做到其中一个方面,那也是在放弃立场,一个是软弱无能,另一个则是众叛亲离。

让内心永远过最高贵的生活

11. 假如有人蔑视我,该怎么做?那是他自己的事。可在言行方面不做任何让人蔑视的事,就是我的事了。假如有人忌妒、憎恨我,该怎么做?那是他自己的事。然而对所有人我始终都应保持友善,哪怕对我的敌人,我也应将他的错误理解随时说出,不以责备的语气,也不夸示我的宽容大度,而是像有名的福西昂那样真诚、直爽;除非当他说那句话时也有讽刺之意。一个人的内心应当是这样的,使天神获知他对所有事物都不会愤恨不平,都不以为是灾难。哎!有何灾难会降临到你身上?倘若如今你做合乎你本性的事,对宇宙自然认为应当发生的事表示欢迎,对公众有好处的事总是尽力让它实现,那么灾难是不会轻易降临的。

12. 他们互相蔑视,可仍要互相奉承;他们期望将对方击败,可仍互相在对方眼前表现得甘愿屈服。

13. 这是多么腐败、虚伪啊,竟然还高声公开表示:"我会公正、刚直地击败你!"你这个人做的是何事?你没有必要如此说明,而应刻

在你的前额上面。在你的声音中有一种回响，马上会将你的决心表现出来，你的决心能从你的眼神中射出，好比一个恋爱中的人一眼就能从他情人脸上将其心中的秘密看出来一样。纯真、善良的人身上似乎都带有一种味道，一旦靠近，与他相邻的人就肯定能闻到。假装纯真的人则如同一把短剑，好比狼对羊讲情谊，实在是世上最可恶的事，这是必须要避免的。那些心地善良、温和可亲、真诚恳挚的人，在他的眼神中会流露出其特有的、无法掩盖的内在素质。

14. 在人的内心里原本有一种力量，能让他永远过最高贵的生活，以漫不经心的态度对待那些不重要的事情。假如他将这些事分开，那么就应该依次检验查看各部分，抑或做整体考察了。还应想着：这些事无法强迫他对它做出任何评价，也无法逼迫人们前来，那么他必然会表现得漫不经心。这些本来静止的事，是人们对它们做出某种判断并将其刻画在我们心中的。事实上人们完全没有必要将那些判断刻画在心中，并且假如它们突然袭击内心，也能马上将它们清除。还应想着，人们对这些事情也管不长，因为生命只是一瞬间。然而为何要因普通事物的不合情理而抱怨不已呢？假如这是自然的意图，那么就应欣赏它们，别觉得对你来说是苦痛。假如它们与自然的意图不相符，那么就尽力去找寻合乎你本性的事吧，即使那无法带给你美好的名誉。一个人努力求索对他自己有好处的事，是能够被人理解和原谅的。

15. 思考一下每件东西是从何而来，成分是什么，会变成什么，变化以后成为什么，而且它不会损毁或丧失什么。

16. 第一：就你对人类的关系进行一下思考，我们降生到这个世界本来就是为了相互帮助；从另一个观点来思考，我来到这个世界就是为了统领天下民众，如同羊群中的领头羊、牛群中的领头牛。首先从这个前提来假想：倘若世界并非一盘分散的原子，则必定有掌管一切的自然。假如是后者，则较低级的是为较高级的事物而存在的，较高级的事物便是为整体而存在的。

第二：他们在就餐、睡觉休息以及别的场合时，是怎样的人呢？特别是在思想上，他们甘心顺从怎样的宗旨，其行为怎样让他们自己沾沾自喜？

第三：假如在这件事上他们做得正确，我们不必生气；假如不正确，很明显并非是出于他们的本性，而是因为无知。任何灵魂都不会甘心将真理放弃，也不会甘心失去公平、正直待人的能力。不管怎样，这类人不愿意被人称作不公正、无情无义、得寸进尺的人，简单来说就是害群之马。

第四：与其他人一样，你自己也时常犯错误，假如有某种错误你没有犯，不能说明你并非没有犯那错误的趋向，而仅是因为胆怯、重视名誉或别的卑劣的考虑才并未犯错而已。

第五：你还没有证实他们做错了事，因为很多事是为应付某种情况而采取的临时措施。通常来说，在一个人给其他人的行为下"正确判断"前，一定要将很多事弄明白。

第六：当你大发雷霆或失去耐心时，应该想到人生是多么短促，不用多长时间我们就会一起毁灭。

第七：事实上让我们感到愤怒的，并非人们的行为，而是我们对那些行为的观点，因为那些行为受"他们的"理性所支配。将那种观点消除，将把这些行为归结为灾祸的结论抛开，你就不会感到愤怒了。怎样将那种观点消除呢？必须知道，我们不能将其他人的行为视为我们的侮辱。因为除非侮辱是仅有的罪行，否则你也势必会犯很多过错，变成一个强盗或别的什么坏人。

第八：考虑一下，我们因如此行为而引发的恼怒和烦恼的行为本身，其后果更加严重。

第九：平顺温和的态度是无法抵抗的，只要是真诚恳挚，而非虚伪伴装的。最凶狠、残暴的人又能如何对你呢？假如你始终平顺温和地对他，有机会就委婉地劝说他，当他要准备伤害你的时候，平静地纠正他："我的孩子啊，你不能这么做，我们天生不是为了做此事的，我不会遭受任何伤害。我的孩子啊，你不过是在伤害你自己罢了。"巧妙地让他知道情形的确是这样，蜜蜂或每一种具备结群本能的动物皆不会如此行事。然而你不要用讥讽或责备的口气，应该亲密友爱、真心诚意，没有一丝敌意，不能如训斥一般，也不能故意向旁观的人卖弄，即使旁边有人，也应当像只有他一个人在那里一样。细致地考虑一下上述九条规律，将它们视为天神的

赐予，趁着你还活着，抓紧时间做这样的人吧。应该留意！虽然对人发脾气不好，但也不能恭维人，这两点皆不符合结群性且会对自己造成伤害。当将要愤怒的时候，要这样思考：发脾气并非男子气概，温和可亲的性格比较合乎人性，在男性中也比较常见。应该做一个温和可亲之人，而非暴躁易怒和抱怨不止之人，要拥有力量、胆识和勇敢。当一个人越接近平静、安宁，就越接近强壮有力。哀伤痛苦和激动气愤都是脆弱的表现，两者都可令人受到伤害或崩溃。

倘若你乐意，请从阿波罗，即九位艺术之神的领导者那里接受第十项赐予，就是"期望坏人不做错事简直是发疯"，因为那是在希冀无法实现的事。忍耐他们对其他人为非作歹，却希求他们不对你为非作歹，是多么缺乏理性啊。

17. 理性上的四种变化状态你必须时刻留意，一旦发觉就必须彻底抛弃；不论处于哪种情形中，你都应对自己这么说："这种想法没有必要；它会将人的好关系完全破坏；这不是从内心发出的实话。"——不是从内心发出的话，这难道不是名词的矛盾吗？——第四种情形就是自悔自恨，相当于承认你的神圣的部分，已向那卑微庸俗的肉体和它那拙劣的乐趣屈服了。

18. 你的灵魂的本性，还有你体内包含的所有的火的部分的本性，皆是上升的，然而为了遵循宇宙的体系，它们被牢牢地关在你的躯体内，在人世间保留下来。在你心之上的部分和水的部分，尽管它们的本性是下降的，但依然直立着，占领了一个不符合它们本性的位子。一切元素皆在遵从整体，坚守岗位，等到最后号角吹响的时候才将其任务解除。

唯独你的理智的部分不安于职守，吵闹着抵抗，这真是件怪事！除了一定要适宜于其本性之外，没有什么东西绑住它；可是它不顺从，而是走相反之路。每个对于不公正的毫无顾忌的行为的倾向，每个对于气愤、哀伤和畏惧的倾向，皆体现了一个人对自然本性的背离。的确，假如一个人的理性会因为任何遭遇而烦忧，那它就是将自己的岗位放弃了。因为一个拥有理性的人，除了为了公道以外，也为了恭敬而有诚意地服侍神明。恭敬而有诚意地服务，其实就包含于真正的合群精神之中，这比行为公正更为重要。

19. 无法让人生目标终生不变的人，他自身也无法做到终生不变。这样说还不完整，还需补充：那目标该是什么样的目标呢？因为即使大多数人觉得好的事物，众人的意见也不一定一样，仅有关乎公众利益的不一般的事项方可得到众人同样的支持，因此我们也一定要将公共利益作为我们的目标。个人的所有努力都朝向这个目标的人，其行为必定是步伐整齐、永远不变的。

20. 切莫将城内老鼠和乡下老鼠的故事，还有乡下老鼠的惊慌之态遗忘。

21. 波狄卡斯请苏格拉底到他的宫中去，苏格拉底拒绝道："我不愿不体面地死去。"这句话是说他不愿接纳恩惠与宠爱，也不能回报。

22. 在公共仪式中，斯巴达人总会将荫凉的席位留给宾客，自己则随处坐。

23. 民众的看法曾被苏格拉底戏称为"妖怪"或吓唬孩童的鬼怪。

24. 在伊菲索斯人的文学著作中有这样一个劝诫：应时常怀念一

位品德高尚的前人。

25. 你听，毕达哥拉斯派哲学家们说道："清晨起来后仰望天空，以怀念天空的星辰，怀念它们怎样永远沿着同一个轨迹，做好它们的工作，它们秩序井然的系统，它们的纯洁和赤裸。"

26. 在读书和写作方面，当你点拨他人以前，应先学习接受他人的点拨。在生活上更应该这样。

27. 爱比克泰德说道："当一个人亲昵地亲吻他的孩子的时候，在心中应小声说：可能你明天会死去。这话真不吉祥！""不是的！"他说道："只要体现自然程序的，都不能看作不吉祥的征兆。不然提到收割谷穗，也要看作不吉祥的征兆了。"

28. 未熟的葡萄，成熟的葡萄，干葡萄……我们在每个阶段中有一种改变,并非变作虚无,而是变化至一个还没有实现的领域。

29. 爱比克泰德说道:"无人可将我们的意志夺走。"

30. 他又说道:"我们赞同别人时必须要有一系列原则,在行动时必须要顾及环境条件;一定不能使邻居的礼仪受损;一定要有足够的价值。我们一定要彻底遏制欲念,没有必要设法避免那些我们无法左右的事。"

31. 他又说道:"要处理的不是平常小事,而是我们是否要做一个头脑清楚之人。"

32. 苏格拉底时常说:"你期望拥有什么?拥有理性动物的灵魂

还是无理性动物的灵魂?是理性动物的灵魂。是何种理性动物?健康且无缺陷的还是邪辟、罪恶的?是健康且无缺陷的。既然如此,怎么不奋力求索呢?因为我们已拥有了。那为什么还会吵闹呢?"

卷十二

在绝望中也要锻炼自己

1. 你费尽周折求索的东西,若你自己不拒绝它们,那么你马上就能获得。就是说,你不留恋往昔,将未来交给上苍,用虔诚和公道之心去面对当下:"虔诚"是为了让你爱你的命运,因为自然将那命运交给你,将你交给那命运;"公道"是为了痛快地阐明真理而不需要矫揉造作,只要是做了的事就都合乎法且与其本身价值相符。别让任何事物阻碍你,不管是其他人的恶意,还是你个人的主

观意见，抑或众人的言论，或者围绕你肉身的感觉；因为消极的部分能处理上面这些阻碍。倘若你可以不顾及别的，仅敬重你的理性和心中的神明，不畏惧终有一日会死去，而畏惧没有一直遵循自然之道去活，那么你就是一个无愧于天的人，在你的故乡你也就算不上是个异客，不会为每天发生的事而感到突兀和奇怪，也不会茫然四顾、彷徨失措。

2. 天神可见到一切人的除去糠秕包裹的内心。因为天神只用他的理智触摸由他本身映射到人身上去的那一部分理智，然而假如你个人也习惯于如此行事，你大多数的烦忧就能消除。因为我相信，对躯壳不留意的人，在服饰、居所、名声和别的附属事物的外表上也不会耗费时间。

3. 所有东西都能被天神料理好，他对人类也抱有好意，可是他为什么竟然将此事忽略了——有些特别好的人和神往来密切，他们凭借虔诚的行为和礼拜，与神的关系非常亲密，可是他们只要死去了，就无法重生，只能彻底灭亡！假如的确是这样，请不要随便猜疑神；假如有必要做其他安排，他就会做其他安排的；倘若合乎情理，那么必定是可以实行的；倘若合乎自然之道，那么自然也会令其实现的。因此，既然情形不是这样，那必定是不该这样。这一点你自己应该清楚！而实际上，我们不应当如此与天神辩驳，即使天神并非无比公正和善良。就算天神有可争议的地方，但是在他精心设置的宇宙秩序中，他是绝对不会马虎、草率地留下什么不合理的事物的。

4. 我们每个人爱自己都胜于爱别人，然而我们自己对自己的看法的重视程度却远远比不上重视其他人对自己的看法，我时常为此感到惊异。不管怎样,假如有一个神或聪慧的教师来要求一个人,令其心中不能产生任何不能公开的想法,估计这个人一天也无法忍耐。因此很显然,我们看重我们的邻居对我们的看法,大大超过我们对自己的看法的看重。

5. 你是由肉体、呼吸气和理智这三种东西构成的。前两种东西就其具有照看你的责任来说的确属于你,因此你一定要将它们好好保存,然而真正说起来唯独第三种东西才是你的。因此,假如你将其他人所做过和说过的、你个人所做过和说过的、所有未来会搅扰你的、所有你无法自主的被躯体或与躯体相连的呼吸气所牵绊而不能摆脱的、所有身外围绕着你转动的种种事物从你的内心彻底消除;假如你将所有源于肉体的影响,还有往昔将来的事,完全从你的理性上清除,将你自己变得像恩培多克勒手中的浑天仪一样——"浑圆无迹,安稳自如",让自己只重视当下的生活,那么你就能安宁、祥和、心满意足地度过你的有生之年。

6. 即使是你无望取得成功之事,也应该去做。左手由于缺少锻炼而效率较低,可是握起缰绳却比右手抓得更紧——这是经常练习的缘故。

7. 试想当一个人临终之际,其身心是何等状貌?再思考一下短促的人生、往昔与将来的无涯的时间、所有的物质,它们都是那么不稳固、那么无力。

8. 剥去事物的外衣，深入思考形成它们的规则及行为的目的。思考何谓痛苦？何谓欢乐？何谓死亡？何谓声誉？一个人心中无法安宁，应该责怪谁呢？一个人如何不受其他人妨碍呢？所有的事都取决于我们的想法！

9. 当我们实际应用行为原则做事时，应当效仿打拳之人，而非比剑之人。因为后者用的剑掉落后他可能因此被杀，而前者仅需把拳头握紧就行了，因为他除了用手不需要任何别的工具。

10. 观察事物原来的样子，分析其根本属性、原因和目标。

11. 一个有力者必须仅做天神准许之事，同时悦纳天神赐予他的所有！

12. 对合乎本性的事发生的时候，我们不应责备神，因为神没有自觉或不自觉地做任何错事；也别责备人类，因为他们仅仅是不自觉地做了错事。所以我们不应该责备任何人或神。

13. 因生活中发生的事而惊异不已之人，是多么荒唐可笑啊！

14. 抑或有一种命中注定的必然性和不可更改的秩序，抑或是有一个慈爱的神明，抑或是有一种无序、无指导的混乱。（卷四，27段）假如存在无法避免的必然性，你为何还要反抗生活呢。假如存在一个广施慈悲的神明，应让你自己值得接受上苍的垂爱。然而假如有一种没有统治者的混乱，那么你应当感到庆幸，在如此澎湃的大海中，你的理性可以让你稳操胜券；假如波浪将你冲走，就让它将你的肉体、呼吸气及其附属的所有都冲走——不过它是无法将你的理智冲走的。

15. 怎么！一盏灯在火焰没有熄灭以前还可以闪耀光亮，莫非你在没有死亡以前就先将你内心的真理、公道和克制力失去了？

16. 有人令你觉得他做错事了,"可是我如何得知那是件错事呢?"倘若他的确做错了,我又怎知他没有自责过呢?因为这就如同他将自己的脸皮抓破了一样。

如果一个人不想让"坏人做错事",相当于不想让"无花果树的果实不淌酸汁",不想让"婴儿啼哭",不想让"马嘶鸣",不想让"别的必然怎样的却偏偏不怎样"一样。可叹!如此性格之人,不如此又该怎样呢?假如你对此十分生气,改改你的脾性吧。

17. 假如是错的,就别做;假如是与事实不符的,就别说。因为你应该努力做到下面这条。

18. 应永久观察一件事物的整体。究竟是什么令你产生印象?将它说明并进行分析,原因是什么?它的本质和目标是什么?它到时必将灭亡的生存期限有多长?

19. 你最终要领悟到,你心里有一种比那些引起各种后果,操纵你像操纵木偶一样的东西更好更神圣的信念。而现在你的心里有什么?是畏惧、怀疑、肉欲,还是别的相似的事呢?

20. 第一,设法不做毫无目的的工作。第二,将公共利益作为行为的唯一目标。

人生只是一种意见罢了

21. 应该时常记着,你不久就会消失不见、化为虚无了,而且你目前所见到的所有,目前活着的一切的人,也都是这样。因为依照自然法则,所有事物必然会改变,会发生变形,会灭亡,以利于其他事物承接衍生。

22. 应该记住!所有都是你的主观看法,你能掌控它们。消除你的看法，这是你能做的事。看！多么安宁！如同一个航海者刚转过山岬，一片无风无浪的大海就呈现于眼前了。

23. 每一项单独的活动，不管是何种活动，假如在适宜的时候停止，那活动以及做活动的人，都不会因活动停止而受到损失或伤害。人生也是这样，假如我们的所有动作适时地停止，我们并不会因此而受到损失或伤害。适时让这接连的动作终结的人，也并没有什么可为难的。适宜的时间和限度是由本性来确定的，比如年老而终是由人的独特的本性决定的一样。宇宙通过这种部分的变化使整个宇宙保持完美和青春的活力，这是由宇宙的本性决定的。对宇宙有益的一切都是好的、适宜的，因此生命的终结对每个人都不是恶，因为它不会带来侮辱，而且那既不是自己能做主的，也对公共利益没有损害，并且是一件好事；因为拿宇宙来说，这是适宜的、恰当稳妥的、与整体趋势相符的。和神走相同的道路、在思想上拥有相同目标的人，可称之为一个因神而生的人。

24. 不论何时你一定要运用如下三条规律。第一，只要是做事，就一定不要做没有目的或背离公道的事；应当这样理解：只要是身外之事，皆是因偶然或天意而产生的，而且你没有责怪偶然或天意的理由。第二，思考一下一个人怎样从成胎到具备灵性，从具备灵性到将那灵性归还，是由什么造就的呢？解体以后会变得怎样？第三，假如被带到半空中，当你低头看尘世间及其种种事物时，你会觉得那根本不值得看，因为你同时一眼就能看出天空中有那么多人围绕在你身旁。不管你升空下望多少回，你都会见到相同的景象，所有一切都同属于一个类型，所有一切都在消散，难道这还有何可矜夸、炫耀的吗？

25. 将偏见放弃，你将获救。没有人阻止你放弃它。

26. 假如你对任何事情都感到愤怒，那是由于你将这一点忘记了，即所有事情皆是遵循宇宙自然之道而产生的。一个人的错误行为与你无关。此外，发生的所有的事，过去是这样，以后也是这样，现在也处处都是这样。你忘记了一个人和整个人类的关系怎样牢固，那关系不仅因为血球或血统，更因为理智而甚为密切。你也将这一点忘记了——每个人的理智就是一个神明，且来自神明，无任何东西是属于他自己的。他的孩子、躯体、灵魂皆来自神明。除此之外，所有的事物都仅仅是个人的主观意见；一个人仅活在当下，他失去的也仅是这当下。

27. 你应该时不时地想起那些对所有事物都十分不满的人，因为声誉或灾难或敌意或任何不平凡的命运而跟大家不一样的人。之后想一想："如今还存在吗？"云烟、尘埃，甚至连传说皆消失不见了。同类的例子比比皆是——不论是在乡间的法毕乌斯、卡特林诺斯，还是在他的花园中的陆舍斯、卢帕斯，不论是在拜爱的斯特丁尼阿斯，还是在卡波利的提贝利阿斯、维利阿斯、茹佛斯——就算深切喜好任何事物，又能有什么结果呢？被人疯狂喜爱的东西，最终也没有任何价值！一个人在他个人的范围内，丝毫不造作地成为一个公正且能节制，并尊崇神明的人，是多么具有哲学家的姿态与气度啊！那种自认为丝毫不自夸的自夸，是最让人难以忍受的事。

28. 倘若有任何人问道："你在何处见到了天神？你怎么可以坚信存在着天神？从而变成如此虔诚的崇拜者？"我会答复：首先我想说的是，他们是眼睛能见到的；其次我想说，我也从未见过我个人的灵魂，然而我敬重它，并且时不时地证实他们的神力。我坚信存在着神，我敬重他们。

29. 若能透彻地观察每个事物的"整体及其本质"，清楚其"本体及其原因"，以所有力量做公正的事、讲符合事实的话，那么你的人生就会幸福。当做完一件好事，要赶紧再做另一件，别让中间有空隙，如此就能拥有人生的乐趣，除此之外还能有什么要求呢？

30. 太阳光尽管被墙、山和很多其他东西遮挡了，但确实是存在的。共性尽管被分裂成很多个体且各有其特征，但也确实是存在的。一个完整的灵魂尽管被派分给很多生物且各有其限度，但也确实是存在的。仅有一个理智的灵魂，尽管似乎它是分裂的。在前文提及的事物中，比如呼吸气等部分，其实是物质的基本组成的部分，没有感觉也没有相互关联。然而就是上述部分，也是凭借理智及其吸引力才被融合到一处的。可是心灵尤其喜好与性质相同的事物相结合，其团结的意识是不曾中断过的。

31. 你希冀什么？想接着活下去吗？还想拥有感觉、欲念、生长吗？还是先告一段落？还想运用语言或思想吗？上述事物中你想要哪一样？假如上述事物完全不值得看，最终你便只得尽力跟随理性和神明的指引。然而看重人生中的所有，同时还担心死后万事都化作虚无，则是与跟随理性和神明的指引相矛盾的。

32. 在宽广无涯的时间中，每个人可以享用的时间只是那么微小的一部分！转眼便会在永恒中消失不见。在宇宙本质和宇宙灵魂中，人又是那么微小的一部分！你是在广袤的大地上何等微小的一块土地上爬行！想到所有这些，任何事都不重要了，除了依照你的本性行事，接纳宇宙自然所赐予你的所有。

33. 下面的事实在帮助我们蔑视死亡方面最有成效，即那些将欢乐视为好事、将痛苦视为罪恶的人们，也都轻视死亡。

34. 怎样运用理性？这是关键所在。别的一切，不管你有没有其他的选择，仅是尘土与云烟罢了。

35. 对于将及时死去当作值得高兴的事的人来说，死亡没什么可怕的。他遵循理性行事，多做或少做一点，他觉得没什么区别，多看或少看几天这个世界，他也觉得无所谓。

36. 人啊，你已经是这个世界的一个公民，持续一百年或五年，又有何关系？法律对众人都相同。从这个世界离开，并非被一位专横残暴的君主驱逐走，亦非被一位不公正的法官驱逐走，只是被起初将

你安置进去的自然之道所驱逐走,那又有何值得难过的呢?地方长官出钱雇用喜剧演员,不论何时他都能让那演员下台。"可是我还没有将我的五幕戏演完,我只演了三幕。"极有可能会如此,只是在人生中,三幕也能算作一场完整的戏了。因为是否已演完这场戏,取决于起初编戏和目前宣告结束的人。对此你不承担任何责任。快乐地离开吧,因为释放你的宇宙自然也是非常快乐的。

图文资讯 — 拓展书籍内容,开阔阅读视野。

拓展视频 — 观看在线视频,激发阅读兴趣。

趣味测评 — 获取测评阅读建议,测评阅读习惯。

阅读分享 — 分享阅读心得,碰撞思维火花。

扫码进入 线上阅读空间

ONLINE READING SPACE

让知识照耀人生